做高效能的管理者

《环球人物》杂志社 主编

中国出版集团 现代出版社

图书在版编目（CIP）数据

做高效能的管理者 /《环球人物》杂志社主编. -- 北京：现代出版社，2024.6
（《环球人物》典藏书系）
ISBN 978-7-5231-0716-4

Ⅰ. ①做… Ⅱ. ①环… Ⅲ. ①企业家－列传－世界 Ⅳ. ①K815.38

中国国家版本馆CIP数据核字（2024）第007093号

做高效能的管理者

主　　编　　《环球人物》杂志社
责任编辑　　袁子茵　陈　丹

出 版 人	乔先彪
出版发行	现代出版社
地　　址	北京市安定门外安华里504号
邮政编码	100011
电　　话	(010) 64267325
传　　真	(010) 64245264
网　　址	www.1980xd.com
印　　刷	北京飞帆印刷有限公司
开　　本	889mm×1194mm　1/16
印　　张	17.5
字　　数	200千字
版　　次	2024年6月第1版　2024年6月第1次印刷
书　　号	ISBN 978-7-5231-0716-4
定　　价	58.00元

版权所有，翻印必究；未经许可，不得转载

目录

卓越的领导者是刚需

摩根：金融业的"拿破仑"	003
洛克菲勒：最大乐趣是"买买买"	009
山姆·沃尔顿：沃尔玛之父的零售初心	015
格鲁夫："偏执的人才能生存"	021
乔布斯：天才与魔鬼	026
贝索斯：让自己取代自己	032
埃隆·马斯克：特立独行的世界首富	038

资本运营把蛋糕做大

孙正义：创日本最大 IPO	051
大卫·鲁宾斯坦：资本之王，从未上过金融课	057

胜间和代：不要轻易照别人的话做　　063

威廉姆斯："对市场应保持敬畏之心"　　069

查理·芒格：巴菲特的黄金搭档　　076

罗伯茨父子："梦工厂"新东家的收购游戏　　082

科赫兄弟：买《时代》算的是政治账　　089

霍夫曼：筹钱太多可能会害了自己　　095

理查德·布兰森：因为"疯狂"所以成功　　102

霍华德·休斯："钢铁侠"的开挂人生　　109

高效能的经营管理

柳井正："常败将军"的首富之道　　117

约翰·布朗：不做最大，只做最好　　123

雷夫·约翰森：不要低估员工的理解力　　131

思文凯："危机本身就是资产"　　138

服部悦雄：最不像日本人的丰田高管　　146

稻盛和夫："毫无私心"成就经营神话　　155

斯隆："优秀到没朋友"　　161

马丁·里维斯："半数企业的战略是错的"　　167

诺埃尔·凯普：小心应对不喜欢你的消费者　　174

为可能，追求极致

瓦尔特·朗格：用顶尖质量帮德国找回时间　　183

玛氏：不上市的糖果帝国　　189

任天堂公司："卖情怀"，玩家都买账　　195

乐高家族：传承4代，全靠一个"拼"字　　202

拉链王YKK：每年"拉"190万公里　　207

康拉德·希尔顿：用微笑缔造酒店王朝　　211

法拉利：车手和商人的双面传奇　　217

从一个点子到商业帝国

皮尔森：靠脑袋办出大事　　225

阿莱士·钟："动图霸主"　　231

里德·霍夫曼：硅谷"人脉王"，卖的是关系　　236

法哈德·弗拉迪："世界岛王"卖岛屿也卖梦想　　242

斯特·里奥斯：卖便宜货赚大钱　　249

汉斯·瓦尔：德国"厕所大王"，年赚两个亿　　253

川久保玲：开快闪店"打游击战"　　258

舒尔茨："星爸爸"成功就靠"人情味"　　263

香奈儿："梅开二度"的反叛先锋　　269

卓越的领导者是刚需

摩根：金融业的"拿破仑"

摩根大通银行发布的2019年第一季度财务报表显示，在美国经济增速放缓的当下，摩根大通仍维持了过去几年的涨势。近年来，摩根大通开始将目光投向中国。2019年年初，摩根大通证券（中国）有限公司被核准设立。

摩根大通银行是全球最大的商业银行之一，背后的摩根财团是乔治·皮博迪1838年在伦敦创办的，后由摩根家族在纽约继承壮大。该家族的核心人物是皮尔庞特·摩根。

摩根的一生就是一部美国波澜壮阔的商业史。他将欧洲资本输入北美，支持美国"大国崛起"；在第一次世界大战、第二次世界大战及战后，他帮助美国建立全球金融霸权；在国内，摩根控制铁路、钢铁等行业；在世界，摩根的资本力量伸展到远东和拉美。

财富并不是人们对摩根心怀敬意的唯一理由。人们称他为托拉斯之王、金融业的拿破仑，是因为他拥有过人的智慧胆识，具备美国镀金时代典型的务实精神，并且在追逐商业利益时不忘平衡社会责任。

世代相传的超高"钱商"

英国经济学家巴杰特说，银行家的事业是世代相传的。世代相传的还有"钱商"，也就是对金钱的敏感和悟性。摩根的成功也源于此。

摩根的父亲朱尼厄斯曾是伦敦最富裕的美国银行家，但他从不娇惯孩子。童年时，摩根一周只有25美分的零花钱，他需要把买糖果和橘子的钱一笔一笔仔细地记在账上。12岁时，摩根的经商头脑已经显现，小伙伴如果要看他收藏的哥伦布卡片，需要向他付费。

这种对金钱的敏感，让他在日后琢磨出了不少生财之道。初入职场，摩根在邓肯·舍曼公司担任低级职员。有一次他去新奥尔良出差，发现有一船巴西咖啡到岸后没有买主，立即认定有钱可赚，于是不经授权就押上了公司的资金把咖啡全部买下，然后迅速脱手赚了一笔。

在摩根家族发家的早期，他们的商业信条是，赚钱就是赚钱，只要不突破法律底线就可以。因此战争也是赚钱的机会，而摩根刚好擅长利用战局的激烈变化做投机生意。

1861年，随着美国南北战争的推进，美国联邦政府出现了严重的财政危机。联邦政府为了稳定日趋恶化的经济和支付购买武器的费用，决定发行4亿美元的公债。摩根预感到这是一个发财的机会，于是他答应承担2亿美元国债的发行。

此时，摩根并不急于着手发行。他开始在各种场合频频露面，对美国经济的发展趋势以及战局的变化发表看法，为的是通过新闻界让大众明白购买国债的利益所在。条件逐渐成熟后，他奔波于各州，用"爱国主义情怀"呼吁每个人都应该为民族和国家的命运贡献力量。这些活动让摩根完成了2亿美元国债的发行，获得了丰厚的利润。

19世纪后期，凭借对局势准确的判断和超常的魄力，摩根在战争中多次通过承销国债获取超额收益。1898年美西战争前，摩根得到消息，墨西哥政府无力偿还西班牙政府旧债，已到破产边缘，墨西哥当局不得不死马当作活马医，继续着手发行公债，想利用新债偿旧债，渡过眼下难关。

常人不会认购此时发行的公债，但摩根的想法与众不同。他认为此时墨西哥政府处境艰难，伸出援手既可以要求较多实惠，又能为以后接触打下良好基础。他立即和德国银行联合组织辛迪加（一种企业同盟）认购墨西哥公债，条件是取得墨西哥油矿及铁路开发权作为担保。

事实证明,摩根的决策是对的,这次行动不管从短期还是长期来说,都为他带来了不小的收益。这就是摩根的风格：百分之百地相信自己所持观点的正确性，坚信自己一切突如其来的念头。

大举并购铁路和钢铁

美国金融学专业有句俗语："公元前4000年上帝创造了世界，但在1901年又被摩根重组了一回。"

美国南北战争之后，各地纷纷向铁路公司注资，掀起新一轮的铁路建设热潮。然而由于地方之间缺乏必要的协调，铁路与铁路之间的衔接成了很大的问题，导致资源浪费严重。在金融帝国中早已称霸的摩根盯上了这个新兴行业。第一条横贯美国的铁路通车不久，摩根就带着妻子进行了一次长途旅行，摸清真实情况后，他决心对铁路行业进行并购重组。

1869 年，摩根协助萨斯科哈那铁路总裁杰拉姆击败了投机家乔伊·古尔德，取得了这段铁路的控制权。这次巧妙的虎口夺食标志着摩根对铁路行业整合的开始。

1879 年，继承了纽约中央铁路 75% 股权的威廉·范德比尔特想将所持纽约中央铁路股票大部分变现。为了避免引起股市震荡，威廉·范德比尔特私下找到摩根，希望他接手。于是摩根组织国际辛迪加承揽了 35 万股股票，不但获得了巨额利润，还实现了对纽约中央铁路的控制。

随后，摩根又联合其他银行家建立金融财团，不断实施铁路兼并。1900 年，摩根家族直接控制下的铁路已长达 10.8 万公里。

但他不满足于此，很快又将目标锁定在风头正旺的钢铁行业。为了在钢铁行业实施大规模并购，摩根创办了联邦钢铁公司，奠定了在钢铁工业界的地位。当时美国排名第一的"钢铁大王"是卡耐基，摩根排第二，其后是洛克菲勒。

1901 年，摩根买下卡耐基的钢铁帝国，同时在洛克菲勒手中购得几家铁矿，以此为基础成立了美国钢铁公司。这笔交易耗资超过 10 亿美元。至此，摩根对美国的钢铁行业实现了垄断，旗下钢铁企业产量约占当时全美钢铁总产量的 65%。

两次力挽狂澜

1895年，摩根干了一件大事，他和时任美国总统克利夫兰等一起挽救了美国的金本位制度。所谓金本位，简单说就是政府从1879年1月起承诺美元可以兑换成黄金，以保证美元的价值。为此，政府手上至少控制着价值1亿美元的黄金。

1894年，美国黄金储备跌到了1亿美元的危险线以下。在纽约，人们看到黄金装船运往欧洲。曼哈顿的高级餐馆里，赌棍们在打赌美国什么时候破产。

总统克利夫兰面临的情况非常危急，到1895年1月24日，黄金储备降到6800万美元。他决定向伦敦的罗斯柴尔德家族求助，罗斯柴尔德请摩根一起处理。

在白宫，克利夫兰和财政部长、司法部长争吵不休。摩根一言不发地坐在一边，捻碎了一支没抽的雪茄。克利夫兰希望公开募款，以免被国会指责"勾结华尔街"。但当工作人员告诉财长，政府金库里只剩900万美元的黄金储备时，摩根开口了，"不到下午3点，你们就完了"。

克利夫兰问："摩根先生，你有什么建议吗？"摩根随后拿出了一个大胆的计划：他和罗斯柴尔德家族一起筹集350万盎司黄金，至少一半来自欧洲；政府则需发行价值6500万美元的30年期黄金债券。1895年2月20日，黄金债券开始发行。在伦敦，债券两小时内被抢空；在纽约，债券 22 分钟内就被售空，银行家们在几十分钟内就赚了六七百万美元。这次黄金行动是摩根的杰作，他起到了中央银行的作用，挽救了岌岌可危的金本位制度。

1907 年，美国爆发经济恐慌，摩根再次出手力挽狂澜。为了稳定市场，摩根组织了一个由银行和信托高管组成的团队，负责调整银行间资金的流向，担保更大范围的信贷国际线路，并买进由运作良好企业发行的陷入暴跌的股票，一系列举动消除了恐慌，加快了平息危机的步伐。

在这次危机中，摩根以救市英雄的形象出现。虽然其中有个人营利目的，但是摩根在平复这场经济危机中所起的作用举足轻重，人们称摩根这一行为是"营利性的爱国精神"。

（文 / 凌云）

洛克菲勒：最大乐趣是"买买买"

提起洛克菲勒家族，人们大概会想到美国纽约地标建筑——洛克菲勒广场，一年一度的圣诞树点灯仪式都在那里举行。

洛克菲勒家族的开创者是约翰·戴维森·洛克菲勒。他是19世纪第一个亿万富翁，依靠标准石油公司起家，开创了美国石油产业，被称为"石油大王"。他的后人又控制了大通曼哈顿银行，在华尔街呼风唤雨。而和他一起创业的哥哥威廉·洛克菲勒，其后代与花旗银行也结下了渊源。

洛克菲勒也是美国最早的大慈善家之一，他先后建立了洛克菲勒医学研究院、洛克菲勒基金会和人众教育委员会等许多机构，捐助建立了芝加哥大学，一生捐献了5.4亿美元，折合今天的货币大概超过百亿美元。

如果用一个关键词来概括洛克菲勒和他的商业帝国，那就是：设计运气，把握时机。他曾给儿子写信说："每个人都是自己命运的设计者和建筑师。设计运气，就是设计人生。人不能没有运气，但是不能等待运气光顾。我的信条是：我不靠天赐的运气活着，但我靠策划运气发达。"

建立标准石油公司

1839年，洛克菲勒出生于纽约州哈得逊河畔的一个小镇，后随家人搬到俄亥俄州克利夫兰生活。1859年，美国开出第一口油井，石油开采迅速兴起，克利夫兰很快成为炼油业的中心。可以说，洛克菲勒是和石油业一起成长起来的，后来甚至被称为"石油业的化身"。

当时炼油工艺相对粗糙简单，很多人看到了炼油商机，所以肉商、面包师甚至制造蜡烛台的商人都纷纷炼起了石油。洛克菲勒和伙伴克拉克也想投身其中，但是他俩缺乏炼油经验，就拉了一位叫安德鲁斯的化学家一起兴办炼油厂。

为了在和其他厂家的竞争中胜出，洛克菲勒就把重心放在炼油质量上。他收购了一块名为利马的油田，产量很高，原油含硫量也比较高，因此炼出来的煤油很臭。后来在安德鲁斯等化学家的努力下，他们解决了含硫过高的问题，降低了炼油成本，使这块油田源源不断地带来利润。

1870年，洛克菲勒和弟弟威廉、安德鲁斯等人创建了标准石油公司。他说，这是为了联合技术和资金，采取更经济高效的经营方式。而他之所以把企业定名为标准石油，就是要建立起石油业的高标准。

在标准石油公司经营早期，石油产品主要是用于点灯的煤油，但很多地方的消费者还不习惯使用煤油灯。洛克菲勒说，我们要先生产煤油灯，再让人们用煤油。他们以低价出售了大量的煤油灯和灯芯，还经常向第一次购买煤油的消费者免费赠送煤油灯。吉列公司后来也学到了这一招，用赠送剃须刀来确保消费者会继续购买剃须刀片。

洛克菲勒把炼油这一行的上上下下都琢磨透了，能在别人忽视的地方找到优势，比如与铁路公司合作。当时许多炼油厂只有在需要运输时才和铁路公司打交道，铁路生意并不稳定，运价也较高。洛克菲勒观察到了这一点，于是和两家铁路公司签订秘密协议，以提高运量换来运价优惠。他为铁路公司创造了很多方便，比如大批量出货、提供装卸车设备、定期运货、自己负担保险等，既为铁路公司节省了运营成本，也得到了铁路公司的特殊关照，形成了双赢互惠局面。

造就托拉斯

洛克菲勒的扩张速度是非常快的。1872年，他已经控制了克利夫兰几乎所有的炼油厂，还在纽约市开设了两家炼油厂。即使在市场看起来不那么景气的时候，他也要求部下加紧收购炼油厂，开发新的油田，提高产量。等到经济复苏的时候，标准石油公司因为未雨绸缪，很快取得更大的收益。

标准石油公司后来成为全世界第一个托拉斯，也是美国第一家现代化全面综合型经济企业。到1882年，标准石油公司可以生产油桶、储油罐，甚至连油漆和胶水都能自产。洛克菲勒将这些相关企业联合在一起,成立了一家名为标准石油企业的公司,一共有42位股东,当时的资本是7000万美元,比12年前的标准石油公司资本金增加了70倍。

洛克菲勒并没有靠垄断地位提高价格、赚取超额利润。相反,随着标准石油公司市场占有率的提高,石油产品比如煤油的价格在大幅度降低。这是洛克菲勒的决策。他相信一个道理:买卖规模大一些,产品单位利润小一些,这是良好的经商之道。价格越便宜,人们就会买得越多,也就越能够享受到标准石油企业公司产品带来的便利。

扩张仍在继续,但当时俄亥俄州的法律不允许一个母公司拥有其他公司的股票。1892年,俄亥俄州法院下令解散标准石油企业。洛克菲勒就在新泽西州又成立了一个标准石油公司(新泽西),因为新泽西法律是允许他继续收购的。

"买买买"成为洛克菲勒最大的乐趣。他每年从标准石油公司和其他投资里得到的收入超过100万美元。他对购买法国庄园或苏格兰城堡没有兴趣,也不屑投资艺术品、游艇等富豪"玩具"。他更愿意投资铁矿、运输、制造等各种产业。到19世纪90年代,标准石油公司控制了美国石油产业的3/4,而洛克菲勒的个人财富约10亿美元,在那个年代这是个难以想象的数字。

因为垄断程度太高,1911年,美国最高法院判决解散标准石油公司(新泽西)这个托拉斯。它控制的38个企业,都变成了独立的公司。这几十家公司至今还存在,包括埃克森—美孚、雪佛龙、亚美等。

20世纪初,洛克菲勒还买了纽约几家银行的股份,其中包括大通曼哈顿银行的前身之一——权益信托公司。1921年,他把这家银行的股票给了儿子小洛克菲勒。后来这家银行被打造成"银行家的银行",人们甚至把它称为洛克菲勒的"家族银行",整个家族的事业版图因此得到了扩张。

钱要捐得聪明

生活中的洛克菲勒虽然是超级富豪,但并不追求奢华享受。卡内基、范德比尔特等大亨喜欢在纽约曼哈顿第五大道上修建豪宅,洛克菲勒则在一条偏僻的街道买了一栋褐石房屋。买完新房也不装修,他继续使用着原主人老气的维多利亚时代的家具和红色的墙纸。

作为虔诚的基督徒,洛克菲勒有一个生活信条:没有善举的信仰是毫无意义的。从20世纪初开始,洛克菲勒就把主要的精力放在慈善事业上。他成立大众教育委员会,希望能在美国南部建立一个公共教育系统,让黑人和白人都受益,为此他先后捐了1.3亿美元。1913年,他创立洛克菲勒基金会,捐出了大约1.82亿美元,这是他慈善事业的重要节点。后来基金会曾致力于开发玉米、小麦和稻子的新品种,为"绿色革命"做出了贡献。

有人说,洛克菲勒这样做纯粹是一种公关活动。还有人说,现代公关先驱艾维·李为他制订了详细的公关计划,比如创建基金会、经常在街头施舍穷人,塑造出一个心地善良、慈祥温和的老头形象。其实洛克菲勒对于通过慈善做公关并没有什么兴趣,他甚至不允许受捐助的芝加哥大学用他的名字。

当慈善事业越做越大，洛克菲勒也有感到力不从心的时候。困扰他的不是没有钱捐，而是怎么把捐出去的钱用好。他认为自己不仅要给人钱，而且要给得聪明。他说："给钱很容易造成伤害。"所以他请专业人士为自己设计一套更加周密和系统的方法，对接受捐款的个人和机构进行评估。后来他们处理了洛克菲勒超过一半的财富，剩下的钱大部分交给他的儿子，而后者也继承了这种慈善传统。

"最好的慈善机构应由最有才能的人通过高效的方法进行管理，让每一分钱都能发挥最大的效用。"洛克菲勒甚至主张要建立慈善托拉斯，来吸引商界中最优秀的人才。他认为，成功的商业人士是一个高尚的阶层，这应该也是他对自己的定位。

（文/凌云）

山姆·沃尔顿：沃尔玛之父的零售初心

人们信步走在沃尔玛超市里，选购那些琳琅满目、价格低廉的生活用品，这是一个常见的生活场景。但大家很难意识到作为一家企业，沃尔玛有很多伟大之处——它拥有全球最高的营业额，也是世界上雇员最多的公司；在《财富》发布的2019年世界500强榜单中，沃尔玛位列第一，连续6年位居榜首。这一切成就都和沃尔玛创始人山姆·沃尔顿分不开。

1962年，沃尔顿借钱开办了第一家沃尔玛门店。1992年沃尔顿去世的时候，沃尔玛的销售额刚刚突破400亿美元。如今，已超过4000亿美元。在去世后20多年里，沃尔顿创立的事业依然影响着整个世界。

天生热爱零售业

推销员是沃尔顿一生的志向。从很小的时候，他就知道自己擅长卖东西。大学毕业后,他的职业规划是做一名保险推销员。后来误打误撞找到了一个百货商店的职位,从此在零售业一干就是52年。在自传《富甲美国》里他写道:"我不太懂什么命运。不过我很确定:从一开始我就爱上了零售业,到现在我依然对它充满热爱。"

找到最好卖的商品,这是沃尔顿的一种天赋。据一位最早为他工作的店员回忆,20世纪50年代,沃尔顿去纽约出差回来后,高兴地对大家宣布:"快来看,这东西今年一定会大卖。"他带回了一箱奇怪的拖鞋。当时大家都嘲笑他,说这样的拖鞋会磨脚,肯定没人买。但沃尔顿坚持售卖这些拖鞋,标价每双19美分。后来店员们都惊呆了,他们从没见过什么东西卖得这么快,很快镇上每个人都有了一双这样的拖鞋,这就是现在的人字拖。

想要尽可能地多卖出货,还需要技巧和手段,这也是沃尔顿一生擅长和热衷的事。他有一个著名的"女裤理论":一批女裤,每条进价80美分,原本标价1.2美元一条,之后降价为1美元一条,销量是原来的3倍,总利润比降价前还要高。这听起来不足为奇,也不是沃尔顿的首创,但沃尔顿把它执行得最彻底。

当时的零售商店,进货主要靠代理商或批发商,商品的进价是出厂价加上给代理商的佣金。沃尔顿不想这样,他希望能从厂家直接进货,降低进价,进而降低零售价。

这样做的一个问题是,没有人给他送货。于是沃尔顿就自己开着货车翻山越岭到各个厂家,谈好价格,再把货拉回来。后来他索性建起沃尔玛配送中心,不仅保证企业不再受制于人,也大大提高了配送效率。

低价能争取到顾客,但价格战不是沃尔玛走到今天的唯一招数。"只要用一个小小的促销手段,就能卖掉那么多的商品,真让人惊叹不已。"沃尔顿曾这样写道。

在沃尔玛只有几家门店的时候,沃尔顿经常开货车穿梭在各个门店间,指导店员布置货架。有时候他会在车上塞满短裤和丝袜,跑到一家门店对经理说:"在这个箱子里放上1美元3条的短裤,在那个箱子里放上1美元4条的,两个箱子中间摆上丝袜,然后就等着它们被买走吧!"结果正如他所料。

独特的小镇策略

互联网的兴起,很大程度上缩小了地域差距,让人们能够通过网络获得同样的知识,买到同样的商品。而早在互联网诞生前,沃尔顿就在做着同样的努力了。

准备创业时,沃尔顿本打算在大城市开一家百货店,但妻子海伦坚决反对。她对沃尔顿说:"我会跟你到任何你想去的地方,只要你别要求我住在大城市里。对我来说,1万人的小镇就很不错了。"后来,沃尔顿家族生活在小镇,沃尔玛总部设在小镇,早期分店选址也在小镇。

那个时候,沃尔玛的竞争对手并不少,有些已经颇具规模。但这些大型折扣店,都不会选择人口少于1万的小镇开店。而沃尔玛的原则是,即使是人口不足5000的镇子,也在他们的选址范围。

沃尔顿经常坐飞机从空中勘测店址,这样能直观地考察到交通流量及城市和小镇的发展方向，还能评估竞争对手的位置。靠这种办法，沃尔顿选定了100多家分店的店址。

小镇策略的好处非常多，既避开了激烈的竞争，又节约了店面租金，同时还省下了大笔广告费，靠居民口口相传就能吸引足够的顾客。最关键的好处是，让偏远地区的居民享受到大型连锁折扣店带来的丰富商品和低廉价格。

沃尔顿把所有美国人都当作自己的顾客。他说："多年以来，我们完完全全遵循着这样一条原则：住在小镇上的顾客，和他们大城市的亲戚朋友一样，也能买到好商品。"

早期的沃尔玛主要在美国南方几个州开店，冬天，北方小镇居民到南方过冬，在沃尔玛购物后，就迫切地要求沃尔玛来到北方开店。沃尔顿收到很多北方居民的信件，说自己回到北方后很想念沃尔玛。所以当沃尔玛开始进军北方市场时，已经有了不少拥趸。

"抠门儿"只为顾客

沃尔玛有一句口号："帮顾客节省每一分钱。"一方面，沃尔玛的采购员强势压低商品进货价；另一方面，沃尔玛大力控制成本。

"沃尔玛每浪费一块钱，实际上是让我们的顾客多花一块钱。而每次我们帮顾客省下一块钱，就是在竞争中领先了一步。"沃尔顿说。

早年间，员工和沃尔顿一起去各地进货，所有人都尽可能只住一个或两个房间。有一次在芝加哥，甚至出现8人住在一间房里的情况。

此外，沃尔玛员工乘飞机出行只坐经济舱，从不坐商务舱或头等舱。

沃尔玛总部办公室也简陋得惊人，用沃尔顿的话说："我的办公室和其他高管的办公室看起来就像在卡车中转站看到的房间。我们在一栋一层楼的建筑物里工作，这里既是办公楼也是货仓。"

除了压低成本，沃尔顿实践"做顾客的代理商"的理念还在于标价不贪心。一位门店经理回忆，当时有一款商品，他们与厂家谈好的进价是1美元，这件商品在其他店的售价是1.97美元。经理向沃尔顿建议标价1.5美元，这已经是市场最低价了。但沃尔顿拒绝了，他坚持每件商品只赚30%，必须把标价定在1.3美元。

或许就是沃尔顿这种在旁人看来有点傻的坚持，才为沃尔玛赢得了市场，赢得了顾客。

凌晨4点的本顿维尔

"你去过本顿维尔镇吗？"这是零售商们的经典口头禅。美国阿肯色州本顿维尔镇是沃尔玛总部所在地。但在1985年，沃尔顿刚被评为美国首富的那一年，本顿维尔镇对于大多数美国人来说，还很陌生。

当时记者们争相来到这座小镇，打算一睹首富的风采。"我猜他们是想拍我跃进铺满金币的游泳池，用百元大钞点燃雪茄，身边环绕着一群美女。"沃尔顿打趣道。

而事实上，记者们只拍到了一个离群索居的怪老头：头戴一顶印有"沃尔玛"字样的棒球帽，开着敞篷小型载货卡车，上面放着装猎犬的铁笼,去镇子广场旁边的理发店,花5美元剪头发。遇到街坊邻居,他总是笑着打招呼,但遇到记者偷拍,他会火冒三丈。

没有获得任何猛料的媒体把沃尔顿描述成一个寒酸古怪的乡巴佬。沃尔顿对此好气又好笑,他说:"我开小卡车有什么大惊小怪的?难道要把我的猎犬放进劳斯莱斯里吗?"

朴素的金钱观与沃尔顿的成长经历分不开。1918年沃尔顿出生时正是美国经济大萧条时期,沃尔顿家为了谋生辗转居住了好几个小镇,生活拮据。七八岁大的时候,沃尔顿就开始送报赚钱,还饲养兔子和鸽子,养大了卖钱。他从小就意识到了赚钱谋生的重要性,也懂得了绝不乱花一分钱的道理。

大学二年级,沃尔顿决定要当学生会主席。校园里,他向每一个迎面走来的人打招呼。没过多久,他就成了校园里熟人最多的人,几乎每个人都把他当做朋友。外向、热情、口才好,此时的沃尔顿已经显露出优秀推销员的素养。

沃尔顿一生都在勤勉地工作,且一直注重与员工保持沟通。60多岁时,他仍然每天从凌晨4点半就开始工作,偶尔还会在凌晨4点访问配送中心,与员工一起吃早点喝咖啡,从而了解卖场实际的情况。每周六晨会前,他凌晨两三点就来到办公室,先把本周的各项统计数据都熟悉一遍,好在开会时有所准备。

如果沃尔顿还活着,当听到球星科比说:"我知道每天凌晨4点洛杉矶的风景"时,应该会微微一笑回应:"我也见过凌晨4点本顿维尔的样子。"

(文/孙夏力)

格鲁夫:"偏执的人才能生存"

2016年3月,苹果新手机iPhoneSE发布、阿尔法狗李世石大战的新闻沸沸扬扬占据了美国主要科技媒体的头版,紧随着的是一条讣告——英特尔前CEO安迪·格鲁夫去世,影响整个硅谷的"偏执狂"离开了我们。

硅谷大咖纷纷表示对格鲁夫的崇敬。"硅谷有史以来最好的公司创始人,也许后无来者。"投资人安德里森更新了博客,以此悼念。微软创始人盖茨对格鲁夫崇拜无比:"我跟他站在一起总会被他的才华和愿景折服。"而格鲁夫最有名的追随者是乔布斯。乔布斯曾说,这是自己唯一愿意效劳的人。回到苹果前,他还特地打电话征询格鲁夫的意见。

让格鲁夫功成名就的是——亲手缔造了芯片巨人英特尔,并且在某种程度上,格鲁夫也是硅谷精神的开创者。有人说,乔布斯对产品的偏执"师从"格鲁夫,格鲁夫有句响当当的名言,"偏执的人才能生存"。历经纳粹阴影、右耳失聪、难民逃亡,还有英特尔无数次的灭顶之灾,格鲁夫一生充斥着恐惧。但他把这种恐惧转化成一种管理手段,影响了一代硅谷人。

逃离"最安静的首都"

多翻几张格鲁夫的照片你会发现,他总爱穿一身纯色高领衫。以硅谷的标准看,原来乔布斯只是个"拿来主义者"。2004年辞去公司职务后,格鲁夫再出现在公众面前,常常是去高校演讲。讲台上的他身材匀称,依旧是纯色高领衫,高昂着头,不时斜眼看下面的听众。

格鲁夫还有个身份标签,在美国生活半世纪,英语仍带着匈牙利语的味道。

匈牙利的首都、多瑙河畔的布达佩斯,格鲁夫的故乡就在这里。布达佩斯曾被誉为"世界上最安静的首都",第二次世界大战期间却步德国后尘,走上了纳粹法西斯道路。格鲁夫出生在一个犹太家庭,少年生活笼罩在纳粹阴影下。他3岁时患上猩红热,为了治疗,耳后的骨头被凿开,捡回小命后,落下右耳失聪的终生残疾。

20岁时,格鲁夫终于逃出了匈牙利。在回忆录里,他描述了这段"难民史"。"第二次世界大战刚刚结束,无数民众起义被镇压在枪口下,在这段民主混乱时期,20万匈牙利人逃到西方——我便是其中一个。"

格鲁夫还在回忆录里写道,此后再也没回过匈牙利。他感谢美国。他当年兜里揣着20美元到了美国,仅仅用了3年便学会英语,靠当服务员支付了学费,以第一名的成绩从纽约州立大学毕业。又过了3年,格鲁夫获得加州大学伯克利分校的工程学博士学位。

再后来格鲁夫认识了生命中最重要的伙伴诺伊斯和摩尔，他们组成了著名的英特尔"三驾马车"——3位联合创始人。其实在英特尔之前，"三驾马车"就有了第一件创业作品，他们与其他5位工程师共同创建仙童半导体。这家公司在硅谷历史上地位举足轻重，被称为"硅谷基石""工程师孵化器"。20世纪80年代，硅谷70家半导体公司有一半员工都是从这里走出来的。

也是在仙童，格鲁夫有了脾气火爆、绝不让步、坚毅好斗等伴随他一生的评价。1968年，仙童的骨干们纷纷离职创业，诺伊斯和摩尔创立英特尔，邀请格鲁夫加入时，他毅然决定投身其中，成为英特尔第三名员工。

"偏执是因为恐惧和怀疑"

"三驾马车"如此分配角色：如果说诺伊斯是英特尔的灵魂，摩尔是心脏，那么格鲁夫就是公司的拳头。没有诺伊斯，英特尔不会是一家著名公司；没有摩尔，英特尔不会成为行业领袖；而没有格鲁夫，英特尔甚至都不会成为公司。

所以，在英特尔其他两位创始人性情温和的情况下，格鲁夫的雷厉风行就显得尤其重要。1976年上任首席运营官，他更彻底地表现出强悍作风——从当时的芯片巨人摩托罗拉手里，抢下2500家客户。

担任CEO的10年，格鲁夫带领英特尔打了无数硬仗。最严峻的一次是1985年，公司险些被挤出市场。此前英特尔一直是生产存储器的公司。在所有人心目中,英特尔就等于存储器。但这时日本的存储器厂家日益壮大,他们靠提供低价格高质量的产品站稳脚跟。在这场价格战中,英特尔出现了大危机,1986年亏损1.7亿美元,随后两年,每天萦绕在格鲁夫耳边的声音都是裁员、减薪、关门。

有一天,格鲁夫和时任公司董事长摩尔谈论公司困境。他意志消沉地问:"如果我们下台,来了新总裁,他会怎么办?"摩尔犹豫了一下:"他会放弃存储器的生意。""那我们为什么不自己动手?"格鲁夫决定赌一把——他相信依赖微处理器的PC市场终会崛起,来一次大变身吧。

格鲁夫赢了。英特尔突围成功,转型成一家微处理器公司,多年后几乎垄断了全球的微处理器市场。如今还如雷贯耳的奔腾系列,就是这场战役中的主打产品。

从这之后,"偏执狂"成了对格鲁夫最广为流传的评价。"偏执是怀疑和恐惧。"格鲁夫天生有一种无法摆脱的危机感,"这个世界说不定哪天偏要和你作对。产品没人买怎么办?公司倒了怎么办?"他为人称道的商业法则是,保持警觉,时刻为意料外的变化做准备,而面临转折危机,要像偏执狂一样,义无反顾地选择改变。

心里的刺柔软起来

人们也常把格鲁夫的管理风格和他的经历联系起来。格鲁夫是个暴君,他的苛刻近乎无情,比如在变革中,随时可能大手一挥、眼睛不眨地裁掉万名员工。

格鲁夫打造了英特尔的狼性文化，他要求每位员工战战兢兢拿出125%的工作效率，还会对犯错的女下属怒吼，"如果你是个男人，我早就打断了你的腿"。公司内部有一条规则，如果你没有明确的观点和足够充分的证据，那就千万不要出现在会议室。不过即便如此，同事仍会为他正名，"他只是为了找到最能解决问题的手段"。

格鲁夫也有柔软的一面。在家庭角色里，格鲁夫是温柔的丈夫和爸爸，来美国的第二年，他与伊娃相识，两人相爱厮守终老。他们的两个女儿，格鲁夫也甚是疼爱。而在英特尔，格鲁夫没有独立办公室，没有特殊停车位，这些亲民措施后来被脸谱等硅谷公司效仿。

摩尔曾提出一条被公认的定律：一美元能买到的电脑性能，每隔18—24个月翻一倍以上。定律揭示了信息技术进步飞速，现在想来，也预示着硅谷人的更新换代。格鲁夫的离世让人猛地想起，有位传奇CEO书写了一部经典的移民发迹史，开创了为后人敬仰的硅谷精神。

（文/李雨）

乔布斯：天才与魔鬼

我们正处在一个被史蒂夫·乔布斯改变了的世界中。"让一件事物变得美好"，是乔布斯一生追求并身体力行的事。如今，乔布斯参与设计的最后一款手机 iPhone5 早已停产。这意味着在物理意义上，乔布斯时代过去了。但乔布斯的精神意义远未过时。为什么他能成为创造力、想象力、持续创新的典范标志？

在斯坦福大学的毕业典礼上，乔布斯留下了这样的话："你不可能从眼下预见将来；只有回望时，才会发现事件之间的关联，这些点迟早会连接到一起。你必须相信某些东西——直觉、宿命、生活，还有业力，无论什么。"

追求极简主义范儿

在乔布斯的人生中，迈克·马库拉是一个非常重要的人物。正是他帮助乔布斯完成了从怪异极客青年到顶级营销大师的转变。

乔布斯和马库拉相识在 1976 年。当时 21 岁的乔布斯已经和好朋友沃兹尼亚克在自家车库里捣鼓出了 Apple Ⅰ，创建了苹果公司，并且成功实现赢利。但是，Apple Ⅰ没有电源、键盘、外壳和显示器，只是一块功能强大的主板。

于是乔布斯决定，要制造第一台整合所有部件的电脑——Apple Ⅱ。目标客户不再是少数喜欢组装电脑的科技爱好者，而是希望电脑拿到手就能运行的普通人。

此时，乔布斯找到了马库拉。马库拉精于定价策略、销售网络、市场营销，曾先后供职于仙童公司和英特尔公司。在自家车库中，乔布斯和马库拉见面没多久就一拍即合。

马库拉成了苹果公司的合伙人，除提供 25 万美元的贷款外，他还提出了更为重要的"苹果营销哲学"。他强调 3 点：一是共鸣，紧密结合顾客感受；二是专注，做好决定要做的事情，拒绝其他不重要的机会；三是灌输，要以创新、专业的方式把优质形象灌输给顾客。

在乔布斯时期，苹果公司的产品发布会独具特色。他精通演讲艺术，尤为重视舞台上戏剧性的揭幕，并对事前保密要求严格。发布会每页幻灯片要改上六七次，用词也反复推敲。此外，发布会还带有深刻的乔布斯烙印，也就是极简主义范儿。他的经典打扮是蓝色 Levis 牛仔裤、灰色 NewBalance 运动鞋和黑色套头衫。这套穿搭迅速成为互联网科技界爆款，以至于出现了拙劣的模仿者，但他们大多没学到精髓。乔布斯的黑色套头衫是三宅一生专门设计的，一是为了日常方便穿着，二是传达标志性风格。2011 年乔布斯去世后，三宅一生就把这款套头衫下线了。这是个有趣的细节——乔布斯的风格，只属于乔布斯。

离开前和回归后都哭过

由于乔布斯异乎寻常的控制欲和情绪化，他一度成为公司最大的麻烦。马库拉发现这样不行，乔布斯也知道，管理公司时自己需要有人约束。通过猎头公司，他们最终找到了当时最红的销售奇才、百事可乐部门总裁约翰·斯卡利。

1983年5月，斯卡利正式成为苹果公司的总裁。几个月后，乔布斯开始意识到两人的三观并不一致。他们第一次重大分歧是在给Mac电脑定价时，乔布斯认为应该定为1995美元，斯卡利则认为营销成本也要计入售价，应该提高500美元。乔布斯对此愤然："我想让它成为一次革命，而不是努力榨取利润。"但最终斯卡利获胜了。多年后提起这件事，乔布斯仍然气愤。他认为这致使微软占领了市场。

Mac电脑销量不尽如人意，乔布斯的脾气也越来越差，经常侮辱他眼中的"笨蛋"。中层主管开始对抗他这种人身攻击式的管理方式。1985年3月的一天，斯卡利要求乔布斯离开Mac部门的管理岗位。乔布斯先是指责斯卡利对电脑一无所知，接着哭了起来："我不相信你会这么做，这会毁掉公司的。"

经过半年的拉锯战，1985年9月，乔布斯辞去董事长职务。更令乔布斯伤心的是，在这件事上，马库拉背叛了他，站到了斯卡利一边。伤心之余，乔布斯只用了5个月时间，就将手中价值超过1亿美元的苹果股票抛售一空,只留下了1股——只要他愿意,就能参加股东会议。

此后,乔布斯带着5名员工离开,投资700万美元建立了新公司Next。这一次,他可以完全不受约束地追求完美,但由于他对细节的苛求,直到4年后Next电脑才开始销售,月销量只有400台。意外的是,乔布斯在新的领域取得了成功。1986年,他投资1000万美元,购买了卢卡斯影业电脑部门70%的股份,成立了动画公司皮克斯。在《玩具总动员》取得成功后,乔布斯的身家达到10亿美元,这为他赢来了翻盘的资本。

此时,斯卡利领导的苹果公司市场占有率持续下降,危机四伏。1993年,斯卡利黯然离场。此时,乔布斯找到了重回苹果的方法:1997年,苹果公司出资4亿美元收购了Next,得到了他们迫切需要而没有能力开发的操作系统,乔布斯也回到了苹果公司,重新坐回了他的位置。此时苹果面临销售剧减、科技战略错乱、品牌价值流失等问题,而乔布斯被认为是唯一能拯救苹果的人。

乔布斯一回到苹果,就把兼容机消灭了。他反对像微软授权Windows一样把操作系统授权给其他电脑商。乔布斯这么做,不仅出于经济考虑,更因为他的核心原则是硬件和软件应紧密结合,制造全套设备,全面控制用户体验。

紧接着,乔布斯对产品线进行评估,果断砍掉了其中的70%。在一次产品战略会议上,他提出只要"消费级""专业级""台式""便携"4种类型就够了。此后,iMac、iPhone、iPod、iPad、Appstore,乔布斯像哆啦A梦一样拿出了一件件无与伦比的产品。而在iPhone和iPad之前,移动互联网的概念刚出现。直到它们进入市场后,移动互联网才真正焕发活力。

为了重塑品牌形象，乔布斯找来了老搭档李·克劳。他们曾合作过 Mac 震撼人心的广告"1984"，让苹果革命者的叛逆形象深入人心。这一次，李·克劳带来了另一个无与伦比的创意，"Think Different"，翻译过来就是"非同凡想"。

乔布斯第一次看到这个创意时，忍不住哭了。在他看来，苹果所代表的，是那些跳出固有模式进行思考的人，那些想用计算机改变世界的人，那些像自己一样的人。乔布斯参与撰写了广告语：致疯狂的人。只有那些疯狂到以为自己能够改变世界的人，才能真正改变世界。

"勇敢面对乔布斯"奖

乔布斯绝不是人人都可以模仿的模范老板。大多数时候，他就像被魔鬼附体了一样，让身边的人狂怒和绝望。每个和他共过事的人，都能讲出许多他的"恶行"。

在乔布斯非黑即白的思维方式中，人只分两种，一种是天才，一种是白痴。苹果笔记本电脑 MAC 系列的设计师比尔·阿特金森曾说："在史蒂夫手下工作太难了，因为'神'与'白痴'之间的两极分化太严重了。如果你是神，你就存在于神坛上，绝不能犯错误。而那些被认为是白痴的人，他们是杰出的工程师，但总觉得永远得不到赏识。"

然而乔布斯并不认为自己对员工很苛刻。他说："如果谁把事情搞砸了，我会当面跟他说。诚实是我的责任。我们彼此诚实到残酷的地步，他们认为我是一堆狗屎，我也可以这样说他们。我们有过激烈的争吵，但那是我最美好的一段时光。"

从 1981 年开始，MAC 团队每年都会给"勇敢面对乔布斯"的人颁奖。这个奖最开始是个玩笑，但也有认真的成分。乔布斯知道这个奖，并且十分喜欢。第一年，这个奖被授予乔安娜·霍夫曼，她脾气火爆、意志坚定。有一天，她发现乔布斯以一种"完全扭曲事实"的方式，更改了她的市场规划。她愤怒地冲向乔布斯办公室，并对他的助理说："我要拿把刀插进他的心脏。"

乔布斯曾说，人们误以为顶级人才喜欢单打独斗，不愿与人合作。但事实是，顶级人才只是不喜欢和二流人才合作而已。在重要岗位招聘时，他要求应聘者见各部门主要负责人，而不仅是部门经理，然后集中讨论。目的是为了防止公司充斥二流人才，导致"笨蛋大爆炸"。

正是在乔布斯的带领下，很多人发现，他们竟然做到了自己原以为做不到的事情。曾经得过"勇敢面对乔布斯"奖的黛比·科尔曼回忆说："他会在开会时大喊'你这个蠢货，你从没把事情做对过'。类似的事情好像每个小时都会发生，但是，我还是认为，能够和他并肩作战，我真是世界上最幸运的人。"

（文 / 刘心印）

贝索斯：让自己取代自己

福布斯发布2021年美国400富豪榜，亚马逊创始人兼CEO杰夫·贝索斯以1770亿美元连续4年霸榜美国首富，同时也是世界首富。

在财富数字的背后，贝索斯一手创立的亚马逊帝国更值得人们探究。2018年，亚马逊的股价狂升50%，是苹果公司之后又一家市值突破万亿美元的公司。当朋友们纷纷向贝索斯表示祝贺的时候，他说这份报表反映的是3年前的预测。现在他正努力实现更高的目标。

贝索斯功成名就、富可敌国，但也经历了披荆斩棘、九死一生的过程。《福布斯》在一篇报道中曾评价：贝索斯可以颠覆"他所选择的任何一个行业"，这种颠覆性来源于他自我颠覆的经验，也来自他追求颠覆的激情。

从"小一号"的理想开始

20世纪90年代，贝索斯在一家对冲基金公司——德劭公司工作。

这家公司的创始人叫戴维·萧，是哥伦比亚大学的计算机专业教授，也是利用计算机和互联网拓展金融业务的先锋级人物。1994年，他和贝索斯讨论了几个商业计划，其中包括带有广告性质的免费电子邮件、在网上进行股票交易等。这些点子后来都衍生出了成功的企业。而在当时，大家讨论得最热烈的，是把所有商品一网打尽的万货商店。他们认为，中间商是可以赢利的，而互联网公司完全可以成为顾客和制造商之间最好的桥梁。

贝索斯十分认同这个理念，但是他觉得一开始就做万货商店的想法不太现实，更可行的做法是找一个小一点的门类，比如网络书店，然后在这个门类里面提供海量选择。

有了这个"小理想"，探路就变得比较容易。贝索斯接连在当时已有的网络书店下了几个订单，结果等货物送达时，书已经变得破破烂烂了。贝索斯静下心来琢磨，反而觉得，卖书这个点子其实可行，对手失败在没有把服务做好，而他要把服务当做制胜路径。

点子、路子都有了，就需要下决心。贝索斯当时刚看完石黑一雄的《长日将尽》，对于人生的意义充满感慨。他曾说自己到80岁时，不会因为放弃华尔街的奖金而后悔，但是一定会因为错过了创业的机会而后悔。

创业初期，父母给了贝索斯10万美元。对此他很坦率地说，这些钱70%要赔掉。1995年，他和投资商见面，每次还是会说，我的公司70%可能要失败了。

贝索斯后来确实遭遇过很多失败，不过和那些失败后一蹶不振的人相比，贝索斯的高明之处在于，他总是在努力找出失败的原因，想明白自己"为什么不行"。

亚马逊起步之初，团队曾开发过一个软件叫Crosslinks。通过这个软件，第三方可以把自己的商品链接到相关的产品网页上，比如，卖鱼竿的第三方卖家，可以链接到卖钓鱼书的网页上。

亚马逊还开发了一种算法，让不同的商品能够自动链接起来。不过，机器显然没有人脑那么聪明灵活，甚至还惹出了不少麻烦。有一次，销售儿童小说《精工小刀》的网页，就被链接上了卖弹簧刀的，甚至是卖纳粹军刀的网页，这个事情引来了儿童书商家愤怒的投诉。

贝索斯把公司的高管团队叫到了自己的别墅，在地下室开了一整天会。大家通过分析讨论，最后发现Crosslinks虽然有缺点，但是它的确给第三方卖家带来了很大的流量。当顾客搜索海明威的小说《太阳照样升起》的时候，竞争对手eBay会列出一大堆二手卖家，提供不同的价格。而亚马逊会显示一个网页，对这本小说进行详细的介绍。相比之下，正是亚马逊的详细介绍吸引了顾客。

亚马逊用高质量的网页吸引流量，解决了人气问题；同时，又通过链接第三方卖家，为顾客提供更多价格选择。最终，亚马逊成了消费者网购的第一入口。

做自己的未来之敌

贝索斯是靠卖书起家的，却早早看到了电子出版对传统图书的冲击。20世纪90年代，他说："我坚信，将来绝大多数书籍将以电子形式出版。"这一天的到来,对传统图书销售来说,绝对是致命打击。但是与其等着被别人打垮,不如尽早布局,让自己取代自己,成为一个先行者。

2004年,贝索斯宣布亚马逊要开发专用的、适合长时间阅读的电子书阅读器。这个决定让大家吃惊,因为开发硬件是亚马逊从未做过的事情。但贝索斯毫不犹豫,他在硅谷组建了一支秘密团队,设立了"126实验室",任务就是开发电子书阅读器,破坏亚马逊自己的图书销售业务。这就是后来的Kindle。126这个代号,表达了贝索斯的理想:1代表字母A,26代表字母Z,他要让读者在Kindle上买到全部26个字母打头的所有图书的电子版。

2007年,Kindle产品上市,并且很快脱销。但因为亚马逊破坏了"规矩",一时间在出版界产生了强烈的反弹,甚至还引发了一系列诉讼。不过,亚马逊慢慢占据了上风。因为人们不得不承认,电子书的成本的确远低于纸质书。

天才和怪人

贝索斯自称是个"痴迷客户的人"。在商业谈判中,他故意放一把空椅子在现场,说这代表的是顾客,不管双方做何讨论,都要以顾客利益为最高利益。他还有句著名的话:"顾客对我们很忠诚,直到别人为他们提供了更好的服务。而我欣赏这一点,这对我们特别有激励作用。"

在《哈利·波特》第四部上市时,贝索斯决定给顾客40%的书价折扣和快递折扣,这样读者能在新书发布当天拿到书,但这需要投入更大成本。公司高层对此心存疑虑,但最后还是认可了这种做法,因为他们听到送货司机说,很多客户都认为这是自己最快乐的一天。而且在当时有关《哈利·波特》的大量报道中,有700多篇都提到了亚马逊。

贝索斯不能容忍对客户的服务存在任何瑕疵。2000年,随着圣诞节销售旺季的到来,亚马逊的客服热线越来越难打通。贝索斯问客服部副总裁普莱斯,顾客要等待多久。普莱斯随口答道,不超过一分钟。"真的吗?我们拭目以待。"贝索斯说着,拿起电话拨通了客服热线,按下免提,还把手表摘下来计时。

一分钟过去,两分钟过去,在场的每个人都觉得难熬。贝索斯脸涨得通红,青筋直跳。4分半钟的时候,电话终于接通了,贝索斯只说了一句:"我打电话就是为了核实一下情况。"然后"啪"的一声挂了电话,大骂普莱斯撒谎和无能。虽然普莱斯在这件事中十分委屈,但贝索斯这样做,是在践行公司最初的理想——让亚马逊成为"地球上最以用户为中心的公司"。

在很多人眼中,贝索斯是天才,也是怪人,他的身上充满着对立统一的矛盾。贝索斯的笑惊天动地,有人说这是孩子般天真的大笑,能瞬间拉近你和他的距离。但是爱笑的人也爱怒。贝索斯的怒,有地动山摇的大吼,还有刁钻恶毒的挖苦讽刺。他的名言是"这是我听到过的最愚蠢的事"。更狠的是"无声胜有声"的做法:他给下属的邮件里只有一个问号。

贝索斯日常遵循节俭原则，比如亚马逊没有免费午餐，也没有交通月票，连应急的手电筒也得员工自己准备，甚至自动贩卖机的灯泡也被摘掉，只是为了省电。

但贝索斯不是一个庸俗小商人，相反，他是个真正想上天的人。他从小迷恋《星际迷航》，为阿姆斯特朗登上月球而激动不已。从那时起，他就坚信人类的未来并不在地球上。

贝索斯把亚马逊的很大一部分利润投入太空项目——蓝色起源。2017年，蓝色起源成功试射了可以重复使用的太空旅行飞船，并在2019年5月发布了无人登月器"蓝月亮"。在改变人们的消费方式之后，贝索斯很有可能会改变普通人与太空的距离。

（文/凌云）

埃隆·马斯克：特立独行的世界首富

一向特立独行的世界首富埃隆·马斯克，近年一直是舆论关注的焦点。在推特上拥有8300万粉丝的他，宣布将通过"史上最大并购杠杆"拿下世界级社交媒体巨头。但对如此重大决定，他却显得轻描淡写，声称只会将不到5%的时间用于收购推特，"因为我很忙，要参加很多活动"。这还不算，他又要求即将被收购的推特"自黑"，向他如实提供虚假账号（即所谓"僵尸粉"）数量等，由此引发推特股价暴跌，市场动荡。

正当人们对这番"神操作"高呼看不懂时，马斯克又以推特不愿提供真实数据为借口，单方面宣布终止这笔巨额交易。"被分手"的推特气急败坏，立马将中途"变心"的马斯克告上法庭，要求法庭尽快强制马斯克履约。面对这场牵涉440亿美元（约合2972亿元人民币）交易的天价官司，马斯克依旧气定神闲，还被媒体拍到在希腊度假的场面。

有人猜测，这场风波本来就是马斯克制造热点、打造个人商业流量的工具，也有分析认为，不管这起一波三折的交易能否实现，最终都会给全球带来巨大影响。

"大开金口"

马斯克的人生一直与平静无缘。他性格直率，为人猖狂，经历数次婚变、创业失败和财务危机，唯一不变的是他对制造意外的热衷。他说："如果没有惊奇，世界就是不完整的。"

2022年4月4日，马斯克突然宣布持有推特9.2%的股份，成为其最大股东。次日，推特任命马斯克为公司董事，并强调其持股比例不得超过公司规定的14.9%。

马斯克显然有更大的野心。他很快拒绝推特董事席位，紧接着提出收购计划，拟以每股54.2美元（约合366元人民币）、总价约440亿美元全资收购推特。他"首富味"十足地宣布："该报价是最高报价，也是最终报价，我已经得到了来自全球顶级机构提供的并购资金保障。"

刚开始，推特董事会反对这桩"恶意收购"，还为此启动"毒丸计划"，即单一股东持股超过15%时，就会触发一个机制——原股东可用低价大量增持推特股份，这相当于把收购方的股权比例稀释了，让其达不到控股目的。正当全世界翘首以待一场并购与反并购大战时，推特董事会突然又改口答应了马斯克的出价。这一并购案如完成，届时推特将成为私人全资控股的企业。

推特董事会改变主意也不奇怪。毕竟，马斯克"大开金口"，开出的收购价远高于推特当时的股市收盘价。股东们显然难以抵挡这种诱惑。最终，双方达成协议，并特别列出毁约条款：如果马斯克筹不到足够的收购资金，要赔偿推特股东10亿美元——这相当于推特截至2022年3月末的前12个月净利润的4.5倍。

推特股东们觉得自己赚大了，正在暗自窃喜时，2022年7月8日，马斯克又突然宣布放弃收购推特。他通过律师罗斯曼公布的理由是："推特不愿提供详细数据，以供分析虚假账号比例，这是在'积极抵抗和阻挠'收购协议赋予马斯克的信息权利，是对马斯克权利和推特义务的'实质性违反'，马斯克因此有权不完成收购和终止收购。"

从光速"表白"推特到单方面宣布"分手"，马斯克只用不到100天，充分体现出他张扬任性的行事风格。

对于马斯克的变卦，推特方面决定对簿公堂。"收购协议中没有任何内容涉及虚假账号的问题，未决交易和诉讼给公司带来持续不确定性，这时刻伤害着推特公司。"推特方面的律师萨维特说。他提出加快诉讼程序的动议，并要求在2022年9月进行为期4天的审判。马斯克的律师罗斯曼则指责审判时间定得太早，来不及对推特的虚假账号问题进行深入调查。他说，目前有信息证明推特做出了虚假和误导性陈述，其虚假账号百分比远超公司对外声明的5%。言下之意，推特有诈骗嫌疑。

事实上，自2022年4月25日宣布交易以来，推特的股价一路下滑，二季度亏损2.7亿美元（约合18亿元人民币）。在马斯克宣布放弃收购推特后，推特盘后股价再下挫4.78%。在美国通胀高企、全球经济环境恶化的背景下，目前美国科技股的走势并不乐观。有分析称，鉴于收购推特的资金成本上升，马斯克背后的财务顾问团队必须考虑，推特的未来收益是否能覆盖这些成本。不少人认为，由于马斯克的出价相对市值溢价过高，他搞出这场风波，可能是想压价完成收购。

不过，美国有线电视新闻网则评论称，马斯克"性格怪异"，很难揣测其真实动机。有人质疑，马斯克的做法实际是在发泄自己对推特的不满。2018年，他发推文称将把特斯拉私有化，已找到了可以支付他每股420美元（约合2838元人民币）的买主。这番言论导致他遭股东起诉，并被美国证券监管机构重罚，法院后来裁定他那条推文为虚假信息。他把这笔账算到了推特头上。他也以"言论自由捍卫者"自诩，认为平台不应持有立场，多次批评推特将美国前总统特朗普等人封号的做法。马斯克逼自己即将收购的推特清查"僵尸粉"，如此"自黑"行为，意味着他很可能从头至尾都在耍弄推特。

值得一提的是，就在马斯克宣布收购推特前不到72小时，欧洲收紧对社交媒体的监管。欧盟针对《数字服务法案》达成一致：在线平台要对其用户发布的内容承担更多责任。这也就意味着脸书、推特等平台要进行更严格的内容审查，否则可能面临最高年收入6%的罚款。这与马斯克秉持的"言论自由"观显然背道而驰。

2022年7月19日，特拉华州衡平法院的主审法官决定这起诉讼案于2022年10月开庭。业内人士根据此前判例预判，双方可能经历激烈的法庭辩论。《华盛顿邮报》载文称，与马斯克对簿公堂将给推特带来高昂诉讼费，或使推特陷入财务危机。更致命的是，作为一家老牌社交媒体，推特的向心力和员工士气将大大受挫。

无所不敢的"钢嘴"

不管轰动世界的交易最终能否实现,善于制造热点话题的马斯克,再次成功刷足了存在感。

拥有8000多万粉丝的马斯克,常在推特上与各路大佬斗嘴较劲,"人狠话也多"。《福布斯》杂志形容马斯克为"聪明、直爽、花心的高富帅"。他另一个鲜明标签是说话标新立异,且不惧争议,没他不敢惹的人。

对商业对手,马斯克常语出惊人。他形容福特汽车的生产车间像停尸房,嘲讽传统车企丰田"不可思议的笨",还批评通用汽车对自动驾驶领域的投资是急功近利。这一通骂显然是为捧自家的特斯拉品牌。他也常在推特上为特斯拉站台。2021年10月,美国苹果公司以19美元(约合128元人民币)出售抛光布。两个月后,特斯拉开售一款皮卡造型的哨子,售价50美元(约合318元人民币)。马斯克直接发推文号召粉丝:"不要浪费钱买愚蠢的苹果抛光布,快来买特斯拉哨子吧。"这款哨子随后果然被抢购一空。

马斯克还指名道姓地"狠怼"过不少商界大佬。由于他的SpaceX公司和亚马逊在卫星互联网等领域有竞争关系,亚马逊创始人贝索斯2019年公布组建卫星互联网计划后,马斯克发推文称其为"剽窃者"。他曾质疑微软创始人盖茨是否持有5亿美元(约合34亿元人民币)的特斯拉空头头寸,得到肯定答复后,马上拒绝盖茨讨论慈善事业的邀请,还发图嘲讽盖茨身材不好。

马斯克这种狂妄表象的另一面是精明。他曾吹嘘特斯拉"1万亿美元市值，广告费支出为0"，这显示他确实掌握了流量密码。业内分析称，马斯克的网红人设已与其商业策略密不可分。在流量经济时代，无论是这次的收购推特风波，还是马斯克平时的"大嘴"，都在满足其掌握话语权的欲望，同时也是其生意经的一部分。

和推特创始人惺惺相惜？

对于马斯克突然中止收购推特的"神操作"，推特联合创始人和前CEO杰克·多西反而很淡定。多西2013年带领推特上市。2021年11月，他辞去CEO一职，但仍留在推特董事会。

多西是马斯克的好友，二人常在推特中互动。2020年年初一次推特员工会上，时任公司CEO的多西邀请马斯克演讲，马斯克当时就抱怨推特上垃圾邮件和虚假账号泛滥，激怒不少推特员工。多西对此则不置可否。

相关文件显示，马斯克2022年4月初首次被邀请加入推特董事会后，多西公开宣称，如果推特成为私人公司，将能更好地专注于运营。一周后，马斯克便宣布了他的收购计划。收购协议刚达成时，多西连发6条推文表达自己的期待。他先是发布了一首名为《一切适得其所》的歌曲，随后评论道："我爱推特。推特是我们所拥有的最接近全球意识的东西。""理念和服务对我来说都是最重要的，我会不惜一切代价保护两者。推特一直是我唯一的问题,也是最大的遗憾。它已被华尔街和广告模式所拥有。把它从华尔街收回来是正确的第一步。""原则上,我认为任何人都不应拥有或运营推特。它应成为公共产品,而不是归一家公司所有。"

据知情人士向美媒透露,在公司如何运营等方面,多西和董事会成员间的关系日益紧张。他辞去推特CEO职务后,与新CEO阿格拉瓦尔在产品创新等方面存在分歧。当然,这种紧张关系并未发展到公开争吵的地步。董事会开会时,多西经常显得很淡定,但他也隔三差五发表推文,表达对董事会的不满。

曾有记者问多西:"如果你认为推特董事会功能失调,影响公司发展,为什么你在担任CEO时没对此采取任何措施?"他故作神秘地回答:"有很多话要说,但是什么都不能说。"与此同时,他对马斯克的赞美溢于言表,将其形容为推特问题"独一无二的解决方案",并称马斯克的使命是"拓展意识之光","马斯克的目标是创建一个'被最大程度信任和广泛包容'的平台,这是正确的道路……我完全相信这一点"。

在整个交易过程中,马斯克公开抨击推特的内容审查决定及虚假账号数量。多西也在推特上附和:"这一直是该公司的功能障碍。"作为硅谷明星企业家,他们都野心勃勃、富有争议,同时擅长创新,主张言论自由,在加密货币、开源技术等话题上也持有相似观点。

两人多年来"一唱一和"的默契,难免令推特其他董事会成员感到不安:多西是否有可能在推特内部重新扮演关键角色?相关文件显示,多西已与马斯克讨论过是否可在收购完成后继续"持有推特一个或多个附属公司的股权"。还有美媒称,在几年前的美国国会听证会上,多西多次被当局要求就平台"内容适度"问题做出说明。所谓"内容适度",某种意义上就是要求符合美国式的"政治正确"。多西觉得推特被当成了政治棋子,表现得非常反感。美国国会大厦发生袭击事件后,董事会呼吁多西全力以赴领导推特(当时他正经营着另一家公司),但他干脆拒绝了,并最终辞去了CEO一职。

"我很高兴推特将在马斯克的带领下,在全世界甚至在星空中,继续为公众提供服务。"多西公开说。在史蒂文斯理工学院的公司治理专家斯特凡诺看来,"很明显,多西从一开始就属于马斯克团队"。

矛盾很难调和

"美国社交媒体的控制权比较复杂。这种平台非常依赖相关法律规定。在社交媒体发展初期阶段,相关技术保障由军工复合体支持,但主要是位于美国西部的加州军工复合体支持。加州地位特殊,很多法律与美国联邦法律不同,这有利于社交媒体发展。硅谷基本就是建立在这种特殊法律基础上的。如此一来,推特等社交媒体的发展,就与美国东部的传统媒体有天然区别。"暨南大学国际战略传播研究中心主任吴非受访时说。

近年来,社交媒体已逐渐成为美国在国际舆论场上维护自身利益的主力军,这使其与政治有一种微妙的共生关系——需要确保自己的信息顺利传播时,美西方便把"自由价值观"拿来当幌子,对其他国家的社交媒体平台横加指责。涉及各方都应享受的公平信息环境时,所谓"自由价值观"彻底失灵。如此双标的明证是，自俄乌冲突以来，包括脸书、推特等在内的西方社交媒体巨头纷纷采取措施，联手打压来自俄罗斯的声音。

吴非说："在 2000 年网络泡沫破灭后的乱局中，美政府对科技公司投入资源进行救助，甚至拥有股份。长期以来，科技公司是美政客的大金主。众多科技富豪更多次传出有从政野心。美社交媒体显然不可能维持公平。"比如，在选举期间，美国政党对社交媒体的影响力相对较大，平时则是政治人物的影响力较大，而在运营上，社交媒体则主要受相关非政府组织的影响，尤其是在由非政府组织负责评价的"自由度"等方面。

从这个角度看，马斯克和多西针对推特虚假账号等问题的抨击倒也不无根据。自诩"言论自由追随者"的马斯克，曾将 SpaceX 和特斯拉两个粉丝总量超 500 万的脸书账号注销，原因是脸书 2018 年被指涉嫌窃取用户信息，以帮助特朗普赢得大选。而在此次收购推特时，他谈论过"改革方案"，如将推特订阅服务降价，禁止发布广告，并允许用户使用狗狗币付款等。他还戏言要将推特总部改造为无家可归者收容所，这都显示马斯克等硅谷企业家对美国社交媒体现状的不满。

有美国媒体称，此次收购推特引发的风波，或对全球政治话语环境带来巨大影响。如果收购成功，马斯克可能会整合美国东部与西部的媒体，探索通过社交媒体与美国权力圈互动的新模式。"即使收购不成功，马斯克的影响力依然会上涨，并且有可能成立自媒体公司，通过持续带动话题、博取流量，从中谋取商业利益。"吴非说。

马斯克其实已经在这么干了。当 80 岁高龄的美国民主党参议员桑德斯在推特上称"极度富有的人必须按公平的方式缴税,没有讨论余地"时,马斯克马上回怼:"我一直忘了你还活着。"

对一波三折的推特收购案,有评论认为,这桩天价买卖之所以如此受关注,除了马斯克的"神操作"引发议论外,更主要的是他将推特虚假账号等问题捅到世人眼前,让人们思考:西方私人资本的逐利本性、政治力量掌控舆论的强烈动机,与社交媒体作为社会公器的公共特性之间,矛盾是很难调和的。

(文/冯璐)

资本运营把蛋糕做大

孙正义：创日本最大 IPO

2018年12月19日，日本软银集团旗下的移动电信业务分拆上市，成功融资2.4万亿日元（约合1500亿元人民币），成为日本有史以来最大规模的IPO。这意味着，软银集团董事长兼总裁孙正义将有更多资金去大展宏图。

商界向来有这么一句话：会经营的人很多，会投资的人并不多。孙正义却打破了这个规律。雅虎、盛大、ARM都在他投资的名单中，就连中国的阿里巴巴、新浪、网易、携程和滴滴，也都有他的痕迹……他不是在商量收购的谈判桌上，就是在去谈判的路上。

和许多出身于富豪家族的"富二代"不同，孙正义的起点很低，可以说出生时手握一把烂牌。他身材矮小，出身平凡，从小自卑。但就是这个人，一步步走上了日本乃至全球首富的宝座。正因如此，孙正义的成功才更有借鉴意义。

破釜沉舟，没有什么不可以失去

小时候，孙正义一家人都是韩国国籍。他的祖父是从韩国到日本谋生的煤矿工，祖母是家道中落的养猪户，父亲是白手起家的商贩。读幼儿园时，孙正义经常被同班同学欺负，人人都带着恶意喊他"朝鲜人"。

为了证明自己，孙正义从小就非常努力，不仅当上学生会会长，成绩也一直名列前茅，他的目标也格外远大——成为日本第一的男人。

还未成年时，孙正义做事情就有破釜沉舟的勇气。不到17岁，他就一个人背井离乡去美国读书，为此放弃了考取日本名校东京大学的机会。家庭的原因让孙正义明白一个道理：人没有什么是不可以失去的，所以他才义无反顾。

这种魄力，在孙正义后来的经商之路上也经常显现。刚开始进入软件销售行业时，他想买断日本排名第一的游戏公司的独家代理，对方开出3000万日元预付金的条件。孙正义觉得这个价格可以接受，合伙人却认为太过冒险，他对孙正义说："你要付这钱也可以，把我500万日元的股份买过去，你就能自己作决定了。"不仅如此，这位合伙人还特别不厚道地要求孙正义以原价3倍的价格，也就是1500万日元收购他的股份。这就意味着，孙正义一共要付4500万日元才能拿到代理权。面对合伙人的刁难，孙正义二话不说，拿出了自己的全部积蓄，还到处借钱买下对方的股份，最终拿到了游戏代理权。别人都觉得他这样做太蠢,孙正义却说:"这样的机会可不止4500万,而且,早早和意见不同的合伙人分开也是好事。"

故事的结局是,孙正义靠独家代理,两年内把游戏卖给了日本4600多家电脑零售商店,他本人也因为这件事在日本商业界一炮而红,被称为"电脑界的灰姑娘男孩"。

不走弯路,作好决策便无须试错

孙正义的一些决定看似不靠谱,其实背后往往都有十分缜密的思考。在他看来,试错就是浪费时间和精力。要想不走弯路,就得提前规划清楚。

读大学时,孙正义曾计划去汉堡店打工,想以社会底层视角观察店铺的经营。但很快他又打消了这个念头。因为了解之后发现,打工的回报率太低,还不如拿来投资自己。于是,他把时间拿去搞发明。大二那年,他设计出世界上第一台电子翻译机,并将其卖给夏普公司,获得了真金白银的回报。

在创业过程中,孙正义作决策时也始终保持理性。从美国回到日本后,他每天最重要的工作就是做市场调查,去搜集各行各业的信息。为此他还设计出一套包含25项参考信息的行业选择标准,例如某个行业是否赚钱,是否有开展业务的价值,能否在全世界扩展等。对每一个行业,孙正义都会搜集海量资料,制作出10年规划、损益表、资产负债表、资金流动表、人员构成及市场拓展计划,可以说把行业分析做到了极致。

正在做这些调查的时候，孙正义的妻子怀孕了，生活开销越来越大，家人都劝他好好去工作，不要浪费时间，一些朋友甚至觉得他脑子有问题。面对这些质疑，孙正义没有理会，他花费一年多时间确定了自己要进军的行业——电脑软件销售。他的理由是，当时日本已经有数家电脑软件制作公司，还有数百家软件零售商店，但中间的批发渠道却非常不发达，存在很大的商业空间。有了前期规划的保障，孙正义一入行便大获成功。

口才了得，话术一套又一套

不论读书还是工作，那些口才了得的人总能在群体中闪闪发光。逻辑好、会说话，已经成为成功者必须掌握的技能。在这方面，孙正义可以说是个天才。

他在参加加州大学伯克利分校的入学考试时，曾对考官说："你们这卷子要是日语的我肯定都会，因此你们得借给我字典，我查字典就会耽误时间，所以你们必须延长我的考试时间。"孙正义的要求被层层上报，一直到了州长那里，最后竟然被允许了。就这样，孙正义成功延长考试时间，顺利考入名校。

进入社会后，孙正义经常要和各种商业人士打交道。在他看来，面对大人物最重要的就是不撒谎、不露怯。刚开始做软件销售时，孙正义曾向日本著名的电脑商店新电机寻求合作。见到新电机的社长时，社长问他各种专业问题和工作经验。同伴劝孙正义稍微美化一下自己，孙正义却说："大人物都是见多识广的，和这样的人沟通，说蹩脚的谎话一定会被识破，与其这样，倒不如坦诚相待。"孙正义实话实说："我很年轻，没经验也没资本，但有十分详细的市场调查和饱满的工作热情。"最后，孙正义靠真诚和激情打动社长，促成了这段合作，也打开了自己在软件销售终端的市场。

孙正义说话的另一门艺术就是台上台下两套话，但这可不是两面派，而是两套话术。1996年收购世界份额最大的计算机展览公司COMDEX时，孙正义把对方的资料、数据分析得细致入微，完全用理性的话来讨价还价；但谈判休息时，他又把对方叫来谈理想，谈收购后的计划与未来，表示自己只要一口价，要么接受、要么拒绝。下半场谈判开始后，对方完全被孙正义牵制住，最终开出了符合孙正义预期的价格。

自信做人，与众不同才有价值

小时候因为身份问题，孙正义受尽了身边人的冷眼。在这片阴影之下，他是如何健康成长的呢？不得不说，在这个过程中，他的父亲孙三宪起到了重要作用。孙正义的名字就是父亲起的，意为"正义不可绝"。他知道儿子从小因为身份自卑，所以总是鼓励他："儿子，你是个天才！儿子，你是最棒的！"

但孙三宪的表扬也是有条件的，他从来不会因为孙正义考试成绩好或者背书厉害表扬儿子。因为他觉得，复制他人的成功只能证明自己平凡无奇。只有在儿子想到一些创意或者发表独特观点时，他才会提出表扬。比如儿子给新开的店起了个好名字，给菜单定价提出了自己的观点。这些事虽小，却给孙正义带来很多启发。

孙正义的从商兴趣就来自父亲。孙家过去很穷，为了维持生计，孙三宪读完高中就去做生意了。一开始，他在街上卖鱼，后来还开过咖啡馆、餐厅、游戏厅等。但孙正义的祖父是个很传统的人，总是要求晚辈要规规矩矩。每当这时，孙三宪就会站出来，鼓励儿子去做自己喜欢的事情。"人要与众不同才有价值。"这句话让孙正义受益终身，走出了一条不同寻常的成功路。

创办公司时，亲戚都劝孙正义用日本名字注册，以免被商界排挤，只有孙三宪支持他用韩国本名。这位父亲对儿子说："堂堂正正不卑不亢地干活，一定会成功的。"这句话更坚定了孙正义努力创业的决心，"即使用本名会比一般的路艰难10倍，我也要维护做人的尊严。"

踏实肯干、自由发展，这些品质都是孙正义从父亲身上学来的。最重要的一点是，父亲教会了他自信做人。能取得今天的成就，孙正义很感谢父亲，"我之所以有能力打造日本第一的企业，就是因为我有一个日本第一的父亲。"

（文 / 余驰疆）

大卫·鲁宾斯坦：资本之王，从未上过金融课

红领带、白衬衫、一副考究的玳瑁眼镜、一脸不苟言笑的表情——大卫·鲁宾斯坦每次都以低调、沉稳的形象出现在公共场合。作为世界七大私募股权公司之一——凯雷投资集团（以下简称凯雷）的创始人兼CEO，大卫·鲁宾斯坦以19亿美元的净资产排名福布斯2012美国富豪榜第250位。凯雷的官方网站显示，截至2011年9月30日，凯雷管理着规模约1480亿美元的资产，拥有89只基金及52只母基金。2011年前9个月，凯雷分给基金投资者的回报超过150亿美元，鲁宾斯坦也因此获得了1.34亿美元分成及380万美元高管薪酬。然而，为别人提供投资服务而赚钱的鲁宾斯坦却一天金融课程也没有学过，他所有的决策和判断，都是建立在对政治及经济环境的宏观把握之上。

白宫里吃方便面最多的人

1950年，鲁宾斯坦出生于美国巴尔的摩一个犹太工人家庭，父亲从事邮电行业，母亲是服装销售员。鲁宾斯坦曾经形容自己的家乡是"一个十分封闭的地方"。上中学时，他的同学没想到他日后会成为商界领袖，因为他"太害羞了"，"十分没有自信"。1970年，鲁宾斯坦以优异成绩从美国杜克大学毕业，3年后又获得了芝加哥大学法学学位。在芝加哥大学期间，他还在一家法律评论期刊做过编辑。从1973年到1975年，鲁宾斯坦在纽约从事了两年的法律工作，之后便担任了美国参议院司法委员会宪法修正案小组委员会的首席顾问。1977年，年仅27岁的鲁宾斯坦成为卡特总统的国内政策助理。

在白宫，鲁宾斯坦充分展现了犹太人的勤奋和天赋。4年里，他没有请过一天假，每天第一个去办公室，最后一个离开，一日三餐就靠白宫内的自动贩卖机解决。据一位当年的同事回忆，鲁宾斯坦是白宫几百位员工中吃方便面最多的一个。

1981年，卡特卸任，鲁宾斯坦也结束了在政府的任职生涯，再次回到律师事务所工作。但在内心深处，鲁宾斯坦希望自己成为一个能够作决策的人。有一天，他的一个老朋友——美国万豪集团并购部经理斯蒂芬·诺里斯不请自来，说自己刚辞职，准备创业。鲁宾斯坦问他打算找谁一起干，诺里斯冷静地说："你。"

事实上，诺里斯深知自己需要一个聪明、坚韧并有良好政界关系的合作伙伴，鲁宾斯坦符合他的一切要求。

政府人脉令事业腾飞

20世纪80年代是公司收购的高潮时期。1987年，鲁宾斯坦、诺里斯以及两个律师朋友威廉·康威和丹尼尔·丹尼罗一起创立了凯雷。最初，他们手里只有由投资者提供的500万美元，其中200万美元用于为期两年的运营，300万美元用于投资。凯雷创立早期运营并不算成功，鲁宾斯坦开始动用自己在华盛顿的人脉，寻找卸任高官加盟。1989年1月，在辞去美国国防部部长一职仅6天后，弗兰克·卡卢奇被鲁宾斯坦挖到了凯雷，并于1990年促成了凯雷在国防工业中的一项重大投资——从美国陆军赢得了200亿美元的军火合同，凯雷开始真正起飞。

凯雷收购的第一家公司是一个航空餐饮公司，当时鲁宾斯坦认为它"有一个伟大的管理团队，有万豪的金字招牌，有一个公平的价格"。然而，1991年海湾战争爆发以后，飞机乘客数量骤减，航空公司开始赔钱，飞机上的食物供应也相应减少。不过，战争也让鲁宾斯坦看到了另一层商机：收购那些能从五角大楼拿到订单的公司。整个20世纪90年代，凯雷的绝大部分精力都用于此，其中最知名的要数1997年10月，它收购了国防工业公司的股份。2001年，"9·11"事件发生两个星期后，这家公司从五角大楼得到了价值6.65亿美元的"十字军"移动火炮订单。不到一个月，凯雷决定让这家公司上市，一下子挣了近2.4亿美元。又过了几个月,"十字军"移动火炮研制项目被废除,但国防工业公司又拿到了新的订单合同。

可以说,在成立后的最初10多年里,凯雷有着浓厚的"政治色彩":1993年到2005年间,前美国国务卿詹姆斯·贝克担任过凯雷的资深顾问和合伙人;1998年到2003年间,前总统乔治·布什出任凯雷亚洲顾问委员会主席;2001年到2004年,英国前首相约翰·梅杰也曾担任凯雷欧洲分公司主席。通过这些政要,凯雷成功地在国防、医疗、教育等政府主导领域收购了一系列公司,为客户赢得了丰厚的回报。凯雷也因此在投资界有了"总统俱乐部"之称。

20世纪90年代中期,凯雷筹集资金十分顺利,其基金的投资人包括美国一些大公司和银行,几年时间里,凯雷管理的资产就从1亿多美元增加到130亿美元。这一切都发生在鲁宾斯坦在宾夕法尼亚的一间办公室内,他认为这间办公室是自己的"幸运屋",所以尽管后来在这里会见客人非常不方便,他也拒绝搬出来。

转型之路

2001年,一场突如其来的反恐战争又一次改变了凯雷的发展轨迹。"9·11"之后,鲁宾斯坦和凯雷陷入了前所未有的尴尬境地——本·拉登家族是凯雷的投资人,而时任美国总统小布什的父亲老布什此时正在凯雷担任要职!美国国会议员辛西娅·麦金尼找到鲁宾斯坦,毫不客气地指出:"凯雷正在让资本主义蒙羞!"经过痛苦的思想斗争,鲁宾斯坦决心开始一场被称作"伟大试验"的战略转型：让凯雷走向更透明、更专业化的道路。

鲁宾斯坦退回了拉登家族的投资，与美国前政要们解除了雇佣关系。他开始引入商界和金融界最顶级的管理人才，如美国证交会前主席阿瑟·列威特、IBM前董事长与主席路易斯·郭士以及《时代周刊》前总编诺曼·皮尔斯汀。"小布什当选美国总统时我就该意识到，如果他的父亲还在凯雷任职，凯雷将被看做美国政府的代言人。"鲁宾斯坦说，"现在他们都走了，凯雷成了政治色彩最淡的投资集团。"

但是，抛开政府资源后，如何从众多投资集团中脱颖而出，成了困扰鲁宾斯坦的最大难题。按照惯例，私募公司每次只运作一只基金，比如操作一只并购基金或者地产基金。不过，鲁宾斯坦认为这样的办法并不保险，"私募公司应该募集一系列不同主题的基金，尽可能迎合投资者的各种偏好。假设你是一个投资者，我可以对你说：你想投资组合式对冲基金吗？我们有。你想投资亚洲基金吗？我们有。"在鲁宾斯坦的带领下，凯雷的专业团队开始着手同时运作多只基金，全球7家最大的私募股权公司虽然采取的都是多基金管理模式，但凯雷的表现最为稳健。

不能在中国后悔

鲁宾斯坦堪称"工作狂"，他不打高尔夫，不抽烟喝酒，甚至不吃肉，唯一的休闲和娱乐方式就是看书。他曾经说过："如果逼我去享受娱乐活动，我会得心脏病而死。"

鲁宾斯坦在凯雷主要负责融资、公司发展和招募员工。他带领着一支 18 人的队伍，每年花 300 天在世界各地募集资金。鲁宾斯坦每年都会来中国，他认为，中国现在是世界第二大经济体，未来将成为世界最大经济体，中国不可能没有全球性的私募股权公司。"中国私募会出现 3 种趋势：西部地区将出现更多的私募股权投资；中国本土私募机构会拥有多只基金；中国本土私募机构将在国外做更多投资。"鲁宾斯坦这样预测。

尽管事业非常成功，但鲁宾斯坦也有遗憾。他和妻子有 3 个子女，其中一个女婿是脸书网创始人扎克伯格的高中同学。当年，鲁宾斯坦曾被问及是否有兴趣见见扎克伯格。鲁宾斯坦当时认为，一个哈佛退学的学生没有多大机会成为另一个比尔·盖茨，于是以没时间为由拒绝了。面对扎克伯格的成就，鲁宾斯坦遗憾地说，这是他"人生犯下的最大错误"。因此，他总是强调，不会再错过中国。

自从 2004 年在上海开设首个中国大陆办事处后，凯雷一直在稳步发展业务。当然，他对未来也有"清醒"的认识："在中国，我用募集来的钱投资，用的是当地的人才，赚的钱却拿回了美国。也许有一天，中国政府会醒悟：为什么我需要你帮我管钱呢？我们完全有能力自己管啊。谢谢你，凯雷，我们已经知道怎么做私募投资了，你们可以走了。我想，那时候，就是我卷铺盖走人的时候。"

（文/海米）

胜间和代：不要轻易照别人的话做

在网上搜索"胜间和代"这个名字，会看到她的很多头衔，如"职场女神""理财天后"等。日本媒体上配发她的照片，很多都是仰视角拍摄，照片上的她看起来精明强干。

然而，生活中的胜间和代并没有那么咄咄逼人。《环球人物》杂志记者曾在日本关西地区一所大学听过她的演讲，近距离感受其风采：40多岁，方脸，大眼睛，一头波浪卷发，略施淡妆，穿着一身西装套裙——这些都是日本职场女性的标准打扮。不过，胜间和代身上隐隐散发着一种自信从容的气质，这在日本40多岁的女性中并不多见。

强大的"胜间流"

那次演讲，大学礼堂座无虚席。在日本，胜间和代的"信徒"已经从职场女性扩大到家庭主妇、大学生等广泛人群。胜间那次说的是如何在学习和工作中管理时间、寻找新的机会。之所以谈这个话题，是因为很多女性朋友问她：又要学习，又要工作，还要理财和生活，一天就24小时怎么够用呢？

记者在胜间和代的讲演中，听到了一个新鲜的词——"胜间流"，这是她提出的一种时间管理方法。胜间和代认为，一般的时间安排是让人们规划好一天内要做的事，按时间表上的顺序执行。当然，结果往往并不理想。而"胜间流"主张首先将一天中绝不能做的事情列出来，比如边看电视边吃饭、一顿饭吃一小时、上网查资料时顺便浏览推特等等。管理自己的时间要从思考"什么夺走了自己的时间"开始，凡是浪费时间的事绝对不做。

胜间和代在所著的畅销书《时间投资法》中，对时间与理财的关系进行了更为全面的阐释。在她看来，关键是要把"管理时间"变成"投资时间"。胜间和代认为，更好的做法是创造时间和分配时间。所谓创造时间，就是提高单位时间内创造的成果数量；所谓分配时间，是先做喜欢、擅长和赚钱的工作，确认不该做的事和可委托别人做的事。

胜间和代也教人们要熟练使用记事本，以此提高时间效率。她说，给自己确定年目标、月目标、周目标、日目标，每天朝着目标前进，一年下来就会发现自己接近目标非常迅速。她有一次接受采访时说，自己搭乘飞机时，看到商务舱乘客很多都在看报、读书或工作，经济舱的乘客却大多在打手机游戏、看电视和睡觉。她说："你希望自己的人生属于经济舱，还是商务舱？"

女性也该有财务自由

胜间和代的人生,是在忙碌中度过的。1968年12月14日,她出生在东京都葛饰区一户普通人家,父母经营着一家小小的生产磁带盒的塑料加工厂,家里有4个孩子,她是最小的,上面还有两个姐姐和一个哥哥。高中时代,胜间和代开始准备会计师资格考试,19岁时顺利通过考试,成为日本史上最年轻的注册会计师。从庆应大学商学系毕业后,胜间和代又在早稻田大学取得MBA学位,并在麦肯锡咨询公司、摩根大通银行等知名企业工作。

在工作之余,胜间和代开始写书,分享自己的人生经验。日本传统要求女性"回归家庭",她却认为女性应当出人头地,要有钱。她积极提倡女性在职场上拼搏,从而获得更大的进步和更大的收益,称女性也应当朝着财务自由的目标努力。她在所开设的"麦田"网站上讲述自己的人生经历,为职业女性提供建议。比如,女性在职场如何不断成长?胜间和代给出的答案是学习。为此她写了本书《"白骨精"学习法:让你的年收入持续增长》,其中结合自己的工作经历,教职场人士如何通过学习提升自己的价值和收入。

胜间和代结合自己在金融公司工作的经历,出书教人们如何理财。她告诉读者,对一个家庭来说,所谓理财能力,就是能够凭直觉知道投资理财的作用,掌握理财基本原理,正确获取理财产品的相关信息,能从已知信息中看清成本、风险,算出收益率,并最终做好家庭资产配置。她写了《轻松读懂财报》等书，其中很多话被日本女性奉为警句。比如"不知道用钱赚钱等于丢掉了口袋里的钱"；"股票市场永远是大户赚，散户亏，散户买股票和买彩票一样"；"银行靠房贷赚钱，而消费者因房贷吃亏"；"要从人寿保险中理财，而不是白缴很多保险费"；等等。

谈理财的时候，胜间和代的话总是说得非常平实，深入浅出，让普通女性也能看得懂。在写《钱不要存银行》时，日本经济正处于长期低迷时期。当时，日本推行零利率政策，银行利率极低，民众存款所得很少。胜间和代认为，在日本的经济环境下，由于利息赶不上通货膨胀，钱存在银行里只会贬值。所以，钱不能存银行，而是要培养金融素质，把自己培养成个人理财家和积极致富的理财达人。她也告诫读者，有理财能力绝不等于可以轻松赚钱，事实上，越了解理财知识就越会明白，世界上不存在轻松赚钱的方法。利用理财工具赚钱与靠劳动赚钱一样，必须付出精力去学习和积累经验。对年轻人是否要急于贷款购房，她也从理财角度进行分析，认为现代社会人们的职业变动较大，贷款之后受到房贷制约，往往造成无法辞职、搬迁、转行，反而造成对个人发展的束缚。而资金被房贷占用，就无法再投资其他理财产品了。

胜间和代曾经在两年时间里写出12本书，本本畅销，累计销量达到180万本。由于近年来日本逐步取消传统退休金制度，转向社会化的养老保障，日本社会对理财知识的渴求大增。现在，对日本职场人士来说，没听说过胜间和代就太落伍了。

生活平衡的理想妈妈

胜间和代虽然理财有一套，婚姻却不顺利。日本的法定婚龄是 20 岁，20 岁的她还在上大学就结婚了，21 岁生下长女，之后又生下两个女儿。然而，第一段婚姻维持了 13 年后解体，长女归前夫抚养，胜间和代抚养另外两个女儿。而且，再婚后，第二段婚姻只维持了一年。

一方面要在日本社会激烈竞争中打拼，一方面又要抚养照顾两个孩子，这是个艰巨的挑战，但胜间和代做到了游刃有余。她每天要经营公司、写书、写专栏、做投资，还要照顾女儿、锻炼身体、参加社会活动，别人一天只有 24 小时，胜间和代仿佛有 48 个小时。她每天坚持做有氧运动 1 小时，并骑自行车上下班，只有下雨天才改为步行，带上计步器坚持走 1 万步以上。她相信"运动才能长寿"。而 50 多岁的她，娱乐方式也一点不输给 20 多岁的年轻人。她喜欢打游戏，沉迷于谷歌公司推出的"魔法师和黑猫维兹"，还把自己装扮成黑猫维兹的样子。她以前也和一位女作家朋友一起扮成歌星 Lady Gaga，把照片发到自己的推特上，引起热议。

由于胜间在生活和工作上的良好平衡，她曾被日本一机构评选为"理想妈妈"。2007 年，她被当时的日本政府邀请进入内阁，担任"工作生活平衡专门委员"。对很多在家庭和工作中不堪负荷的日本女性来说，胜间和代为她们点亮了一盏灯。

胜间和代最新的一本书题为《拒绝的力量》。在书的首页上她写道：

"我现在要是能乘坐时光机返回25岁至30岁,并给自己一个忠告的话,我会说'尽早掌握拒绝的力量吧',也就是不要轻易照别人的话去做,这是我在34岁离婚的时候才深深领悟到的东西。"也许,这也是让她更加成熟、自信和从容的秘诀。

(文/李珍)

威廉姆斯："对市场应保持敬畏之心"

威廉指标创始人、国际期货投资大师、"华尔街之狼"的祖师爷……这些20世纪如雷贯耳的成就，现在已经被忘得差不多了，大多数人只知道他是好莱坞影星米歇尔·威廉姆斯的父亲。拉里·威廉姆斯笑着对《环球人物》记者说："我最出名的时候没有互联网，真是生不逢时。"

与大红大紫的女儿相比，威廉姆斯极其低调。他身着深蓝色的西装，桌上放着老款苹果手机，不像是有着55年操盘经验的期货大亨。可采访没多久，他的实力就露出来了，"我学生的学生成百万富翁后，他们会吹牛说'拉里才是我的老师'，这让我既荣幸又尴尬"。

从自然和艺术中领悟投资心得

2018年5月20日，威廉姆斯抵达北京，随后将前往中国多地，与投资者分享自己的操盘精髓。几十年来，威廉姆斯致力于教育工作，他编写的书籍被业内人士奉为"投资圣经"。但威廉姆斯告诉《环球人物》记者,真正的秘诀,其实藏在他的生平故事里。

1942年,威廉姆斯出生在美国"牛仔之乡"蒙大拿州的一个贫困家庭,从小过着"放养"式的生活。"我喜欢去森林里探险,骑野马。我在大自然的怀抱中长大,感觉自己无比渺小,这让我时刻保持敬畏之心,对市场也不例外。"威廉姆斯告诉记者,"我10岁时曾拿着2根火柴、1片面包和1个鸡蛋,独自在野外生活一周,在这期间我明白了生存的重要性。做投资也是一样,你既要享受冒险,也要学会生存。"

威廉姆斯并不是一开始就喜欢投资。上大学时,他是个热爱橄榄球和美术的新闻系学生,对股市一无所知。直到1962年5月,美国股市暴跌,这时他才明白股市是个充满赚钱机会的地方。

1964年,威廉姆斯从俄勒冈大学毕业后,开始自学交易。当时美国处于经济复苏期,市场火爆,威廉姆斯趁机入市,轻松赚到第一桶金。之后,他创办"威廉姆斯报告",为交易员提供时事通讯,成为当时最受欢迎的业内读物。

"那时我太年轻了。很多客户都以为我是司机,而我爸才是老板。"威廉姆斯告诉《环球人物》记者,"后来我每次写报告都会故意写错几个字,让别人以为我是个眼花的老头。"

翻开威廉姆斯的简历,很多人会以为他是交易天才:23岁创办"威廉姆斯报告";24岁发明威廉指标;28岁出版第一本关于如何选择股票的书。然而,威廉姆斯认为他的早期成功来源于自己的绘画功底和对市场的理性化分析,他说:"那时没有市场软件。我们每天上午来办公室打电话问行情，用纸和笔画各种图表，然后再手算指标，每个股票都要这么做。"

通过绘画培养出的洞察力让威廉姆斯看到隐藏的商机。"我发现指标图的曲线、阴影面积、坐标位置等都有分析价值。"威廉姆斯说，"我把发现的规律画在小卡片上，把它们归类整理在一个鞋盒里，成为我的原始'大盘'。每当市场有波动，我就从鞋盒的卡片中找规律，做交叉分析。"

这种方法看似笨拙，威廉姆斯却认为那是革命性的发现。"当时的市场信息非常杂乱，市场分析工具也很落后。"威廉姆斯说，"大自然告诉我世间万物皆有规律，我想股市应该也有结构化、理性化的分析。这道理很简单，但当时却没人能做到。我是唯一一个疯狂到抓着一大把彩色笔，像个孩子一样画卡片的交易员，所以我能成功。"

"不要让金钱把你变成魔鬼"

1969年，威廉姆斯在同事的鼓励下，全职进入期货市场，但他发现原来的分析工具不灵了。"当时金融指标严重过剩，都在翻来覆去地描述一件事，分析起来效率很低。"威廉姆斯告诉《环球人物》记者，"每个成功的投资者，都有套自己的分析工具，没有的话就自主研发。"

相比其他投资者，威廉姆斯乐于分享自己的工具和智慧。1966年，威廉姆斯依靠股价摆动点测量股票是否存在超买或超卖现象，发明了威廉指标（%R），并在1973年出书发表。1970年，他率先发现交易者持仓数据（COT）的重要性，引起金融界对COT指数的高度重视。

除了金融工具，威廉姆斯也是多个金融理论的开山鼻祖。1973年，他出版了金融界第一本研究市场周期性规律的书，之后又提出波动性突破交易现象、市场情绪分析、最终振荡器等。"我本科是学新闻的，心中有跟社会分享智慧的责任感。"威廉姆斯告诉《环球人物》记者，"我希望我的发明对社会有用，而不是在玩弄概念。"

但并不是所有成就都让他自豪。1987年，威廉姆斯获得罗宾斯杯期货交易赛总冠军。他在1年内用1万美金赚114万美元，该纪录至今未被打破。金融界认为这是威廉姆斯的巅峰之战，但他却告诉《环球人物》记者，那是他人生中的一大败笔。"那年，我变得敏感刻薄，满脑子只想着赢，疏远了亲人和朋友。"威廉姆斯说，"我甚至没发现我的助手拉尔夫·文斯（后成为著名资金管理学家）是多么优秀。如果我当时把他埋没了，将是金融界的一大损失。"

通过这场比赛，威廉姆斯对金钱有了新的认识，"我能理解散户们的心情。我曾经也头脑发热，感觉只要再赚一笔，我的生活将变得无比美好。可惜这些都是假象，因为你不会每次都赢，而且会变得喜怒无常。总之，不要让金钱把你变成魔鬼。"

罗宾斯杯总冠军让威廉姆斯声名大噪，但真正把他推向传奇的事件是单挑美国国家税务局（简称美国国税局）。2006年，美国国税局以偷税漏税为由，在悉尼逮捕了正在讲课的威廉姆斯。同年，他的女儿获得奥斯卡提名，"好莱坞明星的老爹被捕"的头条刷遍美国媒体。"美国国税局喜欢找些莫须有的罪名来吓唬名人，以展示它们的强大。"威廉姆斯告诉记者，"我身在国外，没钱、没律师，美国国税局以为我会俯首就擒。"

在付完75万的保释金后,威廉姆斯在悉尼的酒店里打电话炒期货,很快把钱赚了回来,同时拿剩余的钱请全世界最好的律师。最后,美国国税局因证据不足,撤销了所有指控。威廉姆斯凭一己之力,打败了胜诉率高达98%的美国国税局。

事后,威廉姆斯把他和美国国税局的故事写成书。有媒体称威廉姆斯在给美国国税局的伤口撒盐,威廉姆斯却自豪地说:"永远不要小看西部牛仔的韧性。"

巅峰之作"误导"了人们

半个世纪以来,威廉姆斯用他独特的培训方式,刷新了世界对投资界的认识。他最令人惊叹的成就,莫过于把全家人培养成期货交易大师,推翻了"投资是天才的游戏"的误解。

1997年,威廉姆斯17岁的女儿米歇尔获得罗宾斯杯期货交易赛总冠军。儿子贾森·威廉姆斯写书论证交易心理优势。威廉姆斯还向记者展示他妻于近儿年的投资成绩:72次营利,1次亏损。"我未成年的女儿和做工程的妻子都能学会投资,那么所有人都可以。"威廉姆斯笑着说,"投资和体育一样,只要刻苦练习,加上正确的心态,能有非常大的进步。"

只不过,他认为现在学投资的人都急于速成。"我以前在演讲时,问观众谁想成为巴菲特,所有人都举手了。后来我问谁想资产每年有

10%的增长率,只有两个人举手。"威廉姆斯告诉《环球人物》记者,"巴菲特15年来每年的资产增长率都不到15%。人们都想成为巴菲特,却都不肯有巴菲特的耐心。全世界最厉害的短线投资大师史蒂夫·科恩每年才赚30%,那些幻想在几个月内收益翻倍的人是不可能持久的。因此人们需要耐心和理智的目标。"

对于投资市场的浮躁,威廉姆斯认为自己有不可推卸的责任,"人都希望拿小钱赚大钱。我曾1年内拿1万美金赚了114万美元,实际上误导了人们。投资是门手艺,光有一夜暴富的梦,没有知识、练习、风险意识和对市场的敬畏之心,市场迟早会把你吞噬"。

为了把这些道理传递给人们,威廉姆斯可谓竭尽所能。他常在讲台上表演"吃灯泡",强调控制风险的重要性。他还在课上公开实盘操作,并把赚的钱反馈给学生。有的学生听完后佩服得五体投地,甚至把座驾送给威廉姆斯。威廉姆斯桃李满天下,大多数人成为公司高管,有的甚至是亿万富翁。

"美国被中国取代是趋势"

《环球人物》:您认为中国的投资者应该注意哪些操作策略和交易规则?

威廉姆斯:这里要区分长线投资和短线交易。长线投资者的策略依然是寻找营利增长高、市盈率低、价格与营销比合理的公司,不管是银行股还是卖狗粮的,只要是高价值股,都值得你去持有。除非市场出现大的变化，不然不要轻易卖掉。短线交易者需要留意卖出信号。熊市中也会有强烈反弹，股票卖出后依然能赚钱，因此短线交易者不能只看大盘趋势。

《环球人物》：中国市场和美国市场有什么区别？

威廉姆斯：中国的投资者长期把市场当成了赌场，这是中美市场最大的区别。其次，中国股市并没有反映中国经济。改革开放以来，中国经济飞速增长，但股市波动很极端。我认为股市不稳定的根本原因是过度投机。现在，中国还有一大批股民没有吸取历史教训，还像"牛仔"一样乱投资。只有尊重市场规律，股民回归理性，有健全的监管机制，中国的市场才能稳定。

《环球人物》：目前中国经济存在下行压力，您如何看中国经济的未来？

威廉姆斯：首先，中国经济依然在增长，只是增长率放缓了。中国的增长率依然超过美国和欧洲。现在的中美关系有点像几百年前的美英关系。我认为中国在未来会取代美国的超级大国地位，就像当年美国取代英国一样。当然，美国将全力以赴地捍卫自己的地位，但被取代是不可逆转的趋势。

（文 / 张之豪）

查理·芒格：巴菲特的黄金搭档

2019年情人节那天，查理·芒格出席了Daily Journal（每日期刊公司）的年会，并做了长达两个小时的公开演讲。当年95岁高龄的他仍保持着一贯直率而睿智的谈话风格。年会上有人向他提问：成功投资的原则是什么？"原则一，选择在鱼多的地方钓鱼；原则二，永远不要忘记原则一。"芒格给出了简明又不失风趣的答案。

查理·芒格在美国鼎鼎大名，是和"股神"沃伦·巴菲特比肩的投资家。近半个世纪以来，伟大的公司不断涌现，但在投资界，巴菲特和芒格执掌的伯克希尔·哈撒韦公司就是一座屹立不倒的高山，创造了投资史上前无古人的业绩。

很多人把芒格当作"神一样的存在"，他的成功秘密却总是看似每个人都可以掌握。无论在书中还是演讲中，他从不做琐碎的指导，而更像是交给众人一张"藏宝图"。这张图看起来极为简单，但只有领悟真正含义并坚持到底的人，才能找到智慧的宝藏。

共事多年从未争吵过

在和巴菲特相识之前,芒格已经小有名气。

1957年,巴菲特在内布拉斯加州奥马哈市管理一笔30万美元的资金。有一天,巴菲特拜访当地最好的医生戴维斯,向他解释如何运作资金。戴维斯并没有专心听,但当巴菲特说完想法,他立刻同意投资10万美元。戴维斯说:"你让我想起了查理·芒格。"芒格就是戴维斯家的邻居。1959年,在戴维斯家的一次聚会上,35岁的芒格和29岁的巴菲特第一次见面,两人一见如故。此后他们经常通过电话花几个小时讨论商机,在一些事务上开始合作,并逐渐发展成了合伙关系。1978年,芒格正式担任伯克希尔·哈撒韦公司董事会副主席,成为巴菲特的合伙人。

在投资界,芒格和巴菲特是最佳的拍档,也是最好的朋友,但两人有很多不同之处。巴菲特喜欢讲寓言和民间故事,芒格说话常常锋芒毕露,直指要害。巴菲特打扮随意,芒格衣着考究。巴菲特一直住在老房子里,芒格则有7栋房屋。巴菲特倾向民主党,而芒格是共和党人。芒格早就和一些伙伴建立合作关系,巴菲特却一直以独家经营为主……但正如巴菲特所说:"我们永远会以不同方式结成伙伴关系。"他们每个星期总是多次通话交换意见,完成一笔买卖时会一起到场,如果一个人没到,另一个人就有权决定。

两人相处的趣事也有很多。有一次,芒格和巴菲特一起去纽约收购一家小公司，两人在街上边走边聊。忽然，巴菲特发现自己在自言自语，而芒格已经消失了。后来他才知道，当时芒格忽然想到自己要去赶飞机，就一声不吭地走了。

巴菲特很欣赏芒格，他曾说："是查理拓展了我的视野，让我以非同寻常的速度从猩猩进化到人类，否则我会比现在贫穷得多。"在他眼里，芒格是一个非常好的朋友，他不做表面功夫，所有的行为都发自内心。"我们在一起共事那么久，从来没有争吵过，有时意见不同，但没有一次不欢而散。我们都认为对方的意见值得洗耳恭听。"

而对芒格来说，巴菲特让他找到了人生最好的位置。在成为投资人前，芒格是个事业有成的律师，但巴菲特劝他转向投资行业。芒格最终接受了这个建议。虽然他没学过经济和会计的课程，但因为阅读和实践的积累以及交游广阔的天性，让他逐渐洞悉了人性，而这正是一切经济活动的根本。

坚持买最好的企业

众所周知，伯克希尔的投资哲学是坚持买最好的企业，买进并持有。用芒格自己的话说："我们的投资风格有一个名称——集中投资。好的投资项目很难得，所以要把钱集中投在少数几个项目上。"

芒格谈起过伯克希尔的收购策略。他说："别人 2/3 的收购是失败的，而我们的收购很成功，那是因为我们从来不为收购而收购——我们等着那些不用多想也知道会成功的机会。"

芒格是如何判断一家公司的价值的？他的做法是实地考察，综合判断企业的实际价值。早期的风险投资者只是坐在办公桌后面，坐等机会上门。"我们从来不这么做——我们到处寻找值得收购的公司。"

喜诗糖果水管的故事经常被芒格拿来举例。有一天，喜诗糖果雇了个新员工，参观厨房时他只看到两根管子，一根写着鲜奶油，一根写着掼奶油。他很困惑地问经理，水管在哪里？经理说，没有水管，因为喜诗的糖果在生产过程中根本不加水。听说这个故事后，芒格和巴菲特收购了喜诗糖果。

后来在喜诗糖果庆祝成立75周年的时候，巴菲特穿着跳伞服、戴着风镜，驾驶一辆哈雷摩托车来到现场，芒格就坐在后座。面对兴高采烈的人群，芒格说："保证产品和服务质量是商业的核心和灵魂。你们以友好的态度对待自己的顾客，你们就是文明网络中的一分子。"

收购了一家企业，要不要积极参与管理？芒格对这个问题总是说"不"。他对喜诗公司的态度就是这样，收购以后，他要求对方继续按照自己原来的方式经营。他判断这家公司已经在自己的市场中成为领导者，有着强大的竞争优势。

从20世纪80年代起，巴菲特和芒格就展示了真正的交易艺术。当他们收购一家公司的时候，管理层通常不会发生变动，他们绝对不会干扰那些办事卓有成效的经理人。他们更关心的是拿到利润，然后将资金最优化分配。

"我们对收购来的业务最主要的贡献就是什么都不做……正直、聪明、经验和奉献精神，这些都是一家公司运作良好所必需的，我们非常幸运这么多年来能和一群这样优秀的人才一起工作。我认为，要是让我们自己来管理的话，很难比现在做得更好。"这是芒格的名言。后来有人评价说，巴菲特和芒格创造了"可能是行业里最好的业务运作环境"。

是天才，也是努力派

在许多投资人眼中，芒格有很高的投资天赋。所谓投资高手，一是有定力，二是有眼光，而芒格恰恰两者兼具。

20世纪70年代，美国股市陷入动荡，芒格名下的惠勒·芒格证券公司在1973年至1974年连续出现亏损，损失了前11年一半以上的累积盈利。但芒格顶住压力，持股不动，终于在1975年迎来75%的盈利反弹。

1978年至1980年，巴菲特陆续卖掉了伯克希尔所持有的大都会通讯公司股份，而芒格保留了私人名下的大都会股份。事实上，巴菲特追悔莫及——这家公司后续表现非常出色，验证了芒格的独到眼光。

作为投资界的"天赋型选手"，芒格对许多事物还保持着旺盛的好奇心和学习欲望。巴菲特说："查理的思维跨度比我宽得多。他每年要看几百本传记，还能全部吸收并记住。"年轻时芒格就喜欢读书，后来成为律师，忙碌之余仍然每天给自己留1个小时读书，即便是年近百岁的他依旧对读书兴趣不减。

除了向书本学习外，芒格也积极向内行人士请教。巴菲特曾组织过两年一次的学习派对，参加者包括比尔·盖茨在内的60多位顶级公司执行官。小组举行各种研讨会，话题覆盖公共政策、投资、慈善事业等。芒格热衷于参加这样的讨论，乐于聆听业界精英们的观点。

生活中的芒格喜欢钓鱼，对新颖奇特的船只很感兴趣。他还曾驾船带巴菲特去钓鱼，结果一不小心船沉了，后来巴菲特再也不肯和他一起钓鱼了。芒格的另一爱好是打桥牌。他是个牌技出色的玩家，经常打出出人意料的牌。巴菲特、比尔·盖茨等桥牌伙伴有时难以理解他为什么这样下注，其实他只是遵循一些自己的简单逻辑而已。

面对压力，芒格总是以幽默化解。刚到加州不久，他离了婚，开着一辆破旧黄色庞蒂亚克汽车，看起来穷困潦倒。儿子问他："爸爸，这辆车太破了，为什么还要开？"他说："我要让来加州淘金的人大失所望。"

最终，芒格成为这个世界上最有钱的人之一，然而钱并不是芒格的终极追求。芒格从本杰明·富兰克林那里学到了一种思想——一定要变得富有，以便为人类作出贡献。"我常想做一个对人类有用的人，而不愿死得像一个守财奴一样。"芒格曾说。2023年11月28日，查理·芒格在加州的一家医院中安详去世，享年99岁。

（文／凌云）

罗伯茨父子："梦工厂"新东家的收购游戏

"熊猫找到靠山了！"正当迪斯尼进军中国之际，《功夫熊猫》的出品方——著名动画公司梦工厂也有了新东家。2016年4月28日，美国娱乐和有线电视业巨头康卡斯特公司宣布，将以38亿美元的价格收购梦工厂。

对于中国人来说，康卡斯特这个名字可能有点陌生，但一提"小黄人"则家喻户晓。康卡斯特就是"小黄人"出品方环球影业的后台老板。此外，它还是美国最大的有线电视公司、第二大互联网服务供应商、第四大电话业务供应商，可以说是一艘不折不扣的媒体航母。这艘巨舰的缔造者和现任掌舵者是一对父子——拉尔夫·罗伯茨和布莱恩·罗伯茨。

两周搞定梦工厂

2009年，当罗伯茨父子买下环球影业的母公司——NBC环球公司时,布莱恩已经接过父亲的班,负责公司的实际运营。但当时的他仍然将主要精力放在有线电视业务上。那时美国电视网、娱乐电视网都是广受好评的付费频道。但好景不长,到2013年左右,观众们逐渐对有线电视失去了兴趣,用户订阅数量不断下滑。布莱恩决定另寻出路。

由于有过"小黄人"的成功经验,布莱恩对于动画电影的未来十分看好,并把目光投向了充满创造力的梦工厂。他认为,动画这种形式无论是电影版还是电视剧版,都能更自由地在海外市场运作,也更容易被接受。而梦工厂成功制作过不少的动画大片,里面鲜活的形象风靡一时,如《功夫熊猫》里的阿宝、《马达加斯加》里的企鹅都很受观众喜爱。这些动画形象可以丰富环球主题乐园的内容,使其像迪斯尼乐园一样受孩子们欢迎。

更重要的是,此次收购将打通康卡斯特的上下游产业链。正如一些业内人士所分析的,收购梦工厂后,康卡斯特不仅能充实旗下NBC环球的电影库(尤其是儿童和动画电影资源),还能为自身"北美第一"的有线电视网直接提供片源。

收购的过程也颇为戏剧化。据梦工厂现任CEO杰弗瑞·卡森伯格说,在布莱恩之前,一家中国企业已经有了收购计划,只是还没进行到实质阶段。当布莱恩听说"梦工厂即将被中国企业收购"后,立即给卡森伯格打电话求证。由于两人私交很好,卡森伯格表示,他的确正在和中国买家谈收购事项,但如果布莱恩有意向,他也很乐意同老朋友洽谈。布莱恩马上行动起来,短短两周后,双方就达成了收购协议。

"这场收购的确很迅速,因为我已经对这件事情考虑很久了。"布莱恩事后这样解释。

在外界眼中，布莱恩最擅长的就是并购。近年来，康卡斯特的扩张速度十分惊人：2013 年，已经拥有 NBC 环球 51% 股份的康卡斯特，又以 167 亿美元的价格将剩下的 49% 购入，使之成为自己的全资子公司；不久后，布莱恩通过一系列的金融运作，将洛克菲勒中心 30 号等美国"经济地标"收入囊中；2014 年 2 月，他又试图通过现金加股权置换的手段，将时代华纳收归旗下，只是碍于美国证监会的"反垄断"劝阻，才暂时搁置了计划。

从最早收购美国电话电报公司（AT&T），到大手笔买下梦工厂，布莱恩在一步步实现自己的计划。他曾说，自己并不满足于拥有全美最大的有线电视公司，他的最终梦想是把康卡斯特打造成一个娱乐帝国——不仅拥有有线电视网络、互联网服务，还有电视台和电视制作公司，甚至好莱坞的电影工厂。有媒体评论说，按照这样的势头发展下去，康卡斯特将会成为世界首屈一指的传媒寡头，而布莱恩很可能将是第二个默多克。如果这些预言真的能够实现，他最感谢的人一定是自己的父亲。

从小打小闹到雄起一方

布莱恩的父亲、康卡斯特创始人拉尔夫 1920 年出生于纽约，17 岁时移居费城。或许是犹太人的商业基因使然，他从学生时期就开始做生意。

上高中时，拉尔夫发现校车上没有发车时间表，于是联系了当地一家印刷厂专门设计制作，然后把时间表的背面卖给几家公司用来做广告。考入宾夕法尼亚大学沃顿商学院后，拉尔夫又开始挨家挨户推销牛奶。凭借耐心和口才，他拜访过的家庭中有八成都成了他的客户。

大学毕业后，拉尔夫应征入伍成了一名海军，直到第二次世界大战结束才再次回到生意场上。他从高尔夫球杆推销员起家，在广告公司、音乐制作公司任过职，最后买下了一家男士皮带生产企业。20世纪60年代，松紧裤的盛行让皮带行业变得不景气，拉尔夫果断卖掉了公司，转向正在兴起的闭路电视和有线电视产业。1963年，他与两位朋友一起凑了50万美元，收购了密西西比州一家仅有1200个固定用户的有线电视运营商美国有线电视系统公司（ACS），自己出任CEO。

此后几年间，ACS不断参与有线电视网的投标，其业务覆盖范围很快冲出密西西比州，扩张到相邻的宾夕法尼亚州。由于夕法尼亚州市场发展前景更广阔，拉尔夫决定把公司总部搬到了费城。同时，他觉得ACS这个名字没什么特色，于是别出心裁地将"通讯（communication）"和"广播（broadcast）"这两个词相结合，组成了"康卡斯特（Comcast）"这个新名字。

有线电视业务的成功，让拉尔夫把目光投向了更广阔的上游产业——影视制作，为有线电视提供节目资源，此外还有一个平行产业——有线电话通讯业务。但这些产业都是大资本、大公司的乐园，对当时的康卡斯特来说显得力不从心。为了扩张版图，野心勃勃的拉尔夫说服了其他股东，使康卡斯特于1972年在纳斯达克上市，借助股市进行融资。

然而，当时的美国影视产业巨头林立，有线电话产业则几乎被历史悠久的庞然大物 AT&T 完全垄断，无从下嘴的康卡斯特只能一面夯实有线电视业务根基，一面不动声色地等待时机。十几年的时间一晃就过去了。

在此期间，拉尔夫开始着意栽培自己的接班人。他共有 5 名子女，虽然从感情上更喜欢长子小拉尔夫·罗伯茨，但作为一名理性的企业家，拉尔夫深知康卡斯特需要的是一位有远大抱负和强力手段的领袖人物，在这些方面，最有潜力的是他的次子布莱恩·罗伯茨。

父子联手打造媒体巨头

1959 年出生的布莱恩从小就显示出过人的商业天赋。每当拉尔夫在家里谈生意时，布莱恩总会静静地坐在一个角落旁听，事后就迫不及待地向父亲提出一连串问题。这种热忱让拉尔夫看到了公司未来的希望。

布莱恩也毕业于父亲的母校——宾夕法尼亚大学沃顿商学院，但成绩更为优异。毕业后的布莱恩进入康卡斯特，成为父亲的左膀右臂。在对儿子进行了一系列的锻炼和考察后，拉尔夫决定逐步将公司交给布莱恩管理。1990 年，拉尔夫宣布，康卡斯特的日常业务由布莱恩主持，自己"退居二线"，但仍保留 CEO 职位。

"上位"后的布莱恩表现出与父辈不一样的思路。他力主开拓刚崭露头角的互联网业务，康卡斯特迅速在这个新兴市场中成为主角之一。数年后，第一次互联网高潮到来，公司赚得盆满钵满。然而好景不长，没过多久 IT 泡沫破灭，康卡斯特又不得不进行"瘦身"。布莱恩一度饱受质疑，但坚信儿子实力的拉尔夫不为所动，对 IT 业务继续"咬定青山不放松"，父子俩都认定，家庭互联网的时代很快就会到来。

正所谓有心栽花花不开，无心插柳柳成荫。互联网的第二个春天尚未到来，罗伯茨父子却先迎来了有线电话业务的入市契机。2002 年，称霸多年的 AT&T 被美国法院裁定垄断，被强制分拆，有线电话市场一家独大的局面被彻底打破，这对康卡斯特来说无疑是一个天赐良机。父子俩当机立断，斥资 475 亿美元收购了 AT&T 的有线电视业务，并加大在有线电话领域的投入。通过这次豪赌，康卡斯特原本毫无存在感的有线电话业务具备了市场竞争力，而其传统业务有线电视网则一下平添了 38 个州、近 2100 万客户，一举奠定了业内第一的地位。

尝到收购的甜头后，布莱恩一发不可收拾。2004 年，在他的力主下，康卡斯特牵头筹资 660 亿美元，计划收购迪斯尼公司，结果遭到迪斯尼大股东的强烈抵制，最终不得不放弃。两年后，美国有线电视运营商 Adelphia 由于经营失误进入破产保护程序，布莱恩看准时机出手，一举将其收入囊中。

2009 年，被称为"蛇吞象"的 NBC 环球并购战打响。罗伯茨父子通过一系列令人眼花缭乱的操作，以 137.5 亿美元（其中实打实的现金仅 65 亿美元）的价格，成功收购 NBC 环球 51% 的股权，成为这家著名媒体集团的最大股东,初步实现了拉尔夫几十年前就提出的"打通上下游产业链"的蓝图。

心愿已偿的拉尔夫在 2011 年决定退休，至此他已担任康卡斯特 CEO 达 46 年之久。他将职位交给布莱恩，自己改任名誉主席。退休后仍时不时出现在公众视野内的拉尔夫，总是雪白的头发、笔挺的西装和慈祥的笑容。2015年6月18日，他在费城的家中无疾而终，享年95岁。罗伯茨家族在讣告中写道："他是一位称职的丈夫、父亲和祖父，或许最重要的是，他是一个和蔼而谦卑的人。"

现在，康卡斯特已经彻底进入了小罗伯茨时代。在父亲打下的坚实基础上，布莱恩正在最大限度地开疆拓土，并收获了丰硕成果。对于这位现任掌门人来说，收购和扩张的步伐不会停止，这将为他掌舵的媒体巨舰提供一片广阔的海面。

（文/陈在田　冯蕾）

科赫兄弟：买《时代》算的是政治账

在美国，政治、财富和舆论从来不是泾渭分明的。越往上走，这"三界"的玩家就越是同一拨人。比如《纽约时报》的最大控股人——墨西哥电信大亨卡洛斯·斯利姆，经营着拉美最大的移动网络，生意又受政府监管的高度影响；新晋世界首富杰夫·贝索斯在2013年买下《华盛顿邮报》，用电商思路改造这张时政大报，而政府的税收政策对他的生意也有举足轻重的意义。

正因如此，当以石油起家、富可敌国的查尔斯·科赫和大卫·科赫兄弟参与到收购《时代》周刊母公司的行动中时，舆论并不是特别吃惊。科赫兄弟拥有科氏工业集团，但因为不是上市公司，其财务数据不易掌握。据估计，其家族净资产达890亿美元，与千亿美元身家的贝索斯相差不远，而且这两兄弟一向是共和党保守派的大金主。

作为媒体巨头的时代公司拥有《时代》《人物》《体育画报》《娱乐周刊》等著名杂志，牵头收购它的是另一家传媒巨头梅瑞迪斯，出资约18.4亿美元现金，而科赫兄弟出资6.5亿美元，但正是这笔资金使整个交易得以实现，所以科赫兄弟被称为这次收购的关键人物。

玩政治是必须的

科氏工业集团在60个国家拥有12万名员工，是一个庞大的商业帝国，查尔斯和大卫分别担任集团正副总裁。集团官网的主页上写道："衣食住行是人们生活所必需的，每一样都构成挑战，而我们拥抱所有的挑战。"从汽油到纸巾，从家电到医药，集团产业包罗万象，其旗下的费林特·希尔资源公司、乔治亚·太平洋公司等，都在业内颇具影响力。不过，科赫家族最初起家靠的是炼油，至今还拥有多家炼油厂，控制着数千公里的输油管道。正是这个"根"，培育出科赫兄弟通过政商关系保护和扩大财富的思路。

科氏工业的奠基人弗雷德·科赫是个化工专家。他曾发明了一种新的炼油技术，让小企业也可以参与炼油生产。然而，他不断地被当时的大炼油厂起诉，生意受到政府干预，新技术无法在美国得到应用，最后只能去海外找机会。据说，他帮助苏联建了15家炼油厂，因此淘到第一桶金。

弗雷德回到美国后，于1940年建立了科氏工业。他在政治上趋于保守，主张限制政府权力，提倡自由市场、低税收政策。弗雷德1967年去世后，他的4个儿子弗雷德里克、查尔斯、大卫和比尔分成两派进行了一番争夺，最后查尔斯和大卫掌握了家族企业，也继承了父亲的政治热情，并且"青出于蓝而胜于蓝"。

大卫曾经是美国自由党的重要成员。他在1979年作为自由党的副总统候选人参加了美国大选，并为此花费200万美元。当时他的主张非常激进，要取消社保、美联储、最低工资、企业税，并撤销证监会、中情局等联邦机构，几乎是让整个美国政府"大缩水"。最后他们得到了1%的选票，是该党创建以来的最好战绩。

1984年，大卫转身成为共和党人。他和查尔斯一起为共和党政客慷慨解囊，也资助激进的"茶党"运动，并出巨款资助保守智库卡托研究所和乔治·梅森大学的莫卡特斯中心，以期"实现真正的民主"，让人们"自己管理自己的生活，而不是每4年选出一个人、让他告诉你怎么生活"。

这些政治活动和舆论造势与科赫兄弟的生意自然都有关联。比如，科氏工业旗下的炼油、造纸等产业都是污染大户，所以他们否认气候变暖，呼吁放松监管、振兴传统能源。老布什时代，科赫兄弟曾推动成立一个名为"市民环境委员会"的组织，提出酸雨等环境问题"原因未知"的说法，而当时科氏工业正被批评为污染大户。在小布什执政时代，能源法案使能源企业得到了大笔政府补贴，科赫兄弟也是受惠者。

与特朗普"心有灵犀"

作为共和党的支持者，科赫兄弟对主张加强市场监管、发展清洁能源的奥巴马非常"不感冒"。他们与特朗普的关系也有点微妙，因为特朗普是个"非典型"的共和党人，不是党内建制派。

2016年美国总统大选时，查尔斯曾公开表示，与特朗普相比，希拉里是"更合适"的候选人。而特朗普为了表示自己与华盛顿建制派的不同，也公开怼过这对大金主。他曾在推特上说，科赫兄弟"无法影响特朗普"，在杰布·布什退选之后嘲讽查尔斯"正在找新的宠儿"。

然而，当特朗普选择深受科赫兄弟赞赏的彭斯作为副手后，他和科赫兄弟之间的矛盾就缓解了。事实上，大笔减税、放松市场监管、推翻奥巴马医保、打击工会势力等政策，都是特朗普和科赫兄弟的共同主张。

有一个自由派消费者权益组织发现，在特朗普行政当局内有40多名官员与科赫兄弟有某种关联，有的来自科氏工业，有的来自科赫兄弟资助的智库，还有的曾是科赫兄弟重金资助的学者。比如，特朗普任命的劳工部统计局局长比齐，曾是科赫兄弟资助的智库人类研究所所长。所以有人说，这些学者出现在特朗普政府，说明"科赫兄弟的利益有了充分的代表"。

《时代》会变成什么样

由于科赫兄弟低调而坚持不懈地参与政治活动，外界对他们介入《时代》收购案的动机感到好奇。科赫兄弟则表示"不会干预杂志的编辑或运营工作"，"不会通过媒体传播自己的保守派观点"。科氏集团发言人说，这次收购是通过公司的投资部门进行的，是一种"消极的财务投资",科氏集团的作用"就像银行一样"。但前纽约市长、媒体大亨布隆伯格开玩笑说:"也许科赫兄弟无法就《时代》杂志百人榜达成一致,明年(2018年)会有两张《时代》50人榜出炉。"

时代和梅瑞迪斯两家公司的"调性"差异很大,这是外界怀疑科赫兄弟另有动机的原因。《时代》的创办人亨利·卢斯也是一位政坛活跃人士,政治立场保守,与共和党关系深厚,曾经为艾森豪威尔竞选总统摇鼓呐喊,直到晚年还致力于阐述他理解的"美国世纪"和美国使命。他和耶鲁同学哈登一起创办了这本深入报道和阐释重大新闻的周刊。后来他又成功创办了《财富》《生活》两本杂志,到20世纪中期还增加了新闻短片的制作业务。可以说,时政始终是卢斯的媒体帝国最鲜明的标志。

不过近年来,在印刷媒体向数码媒体转轨的过程中,时代公司走得不太顺利,2017年的季度营业收入比上年同期下跌9%,广告收入下跌12%,被迫削减了4亿美元开支。而梅瑞迪斯来自美国中西部,创办人埃德温·梅瑞迪斯在1902年进入这个行业,第一本杂志名为《成功的农场》,后来还创办了发行量高达700万册的《美好住宅与花园》杂志。这个公司长期以来聚焦家庭和女性,也拥有一些地方电视台,经营比较稳定,实力相对较强。梅瑞迪斯曾有意收购时代公司,以增强自己的品牌号召力和全国影响力,但由于资金不足,收购计划一度搁浅,最后是科赫兄弟出手解决了问题。梅瑞迪斯宣称,科赫兄弟是看中了自己的商业运营能力。

有些人确实建议科赫兄弟只把这笔投资当作单纯的生意,但也有一些熟悉科赫兄弟思路的人认为,他们完全可以利用媒体来做更多的事情。比如，科赫兄弟拥有一家数据分析公司，掌握了很多选民信息。如果加上时代公司的消费者数据，或许可以在更大程度上影响美国舆论。

当然，科赫兄弟直接干预《时代》采编业务的可能性不大，但在关键时刻利用这一平台发声的可能性是存在的。2014年，查尔斯就在保守的《华尔街日报》上发表过一篇文章，描述自己对"自由社会原则"的追求。他对于对手"承诺的是天堂，送来的是地狱"。当时，一位共和党参议员还把这篇文章收录到国会记录中。

在科赫兄弟参与收购时代公司的事情被报道后，哥伦比亚大学新闻学教授艾米丽·贝尔发了这样一段推文："没有人购买媒体不是为了通过它施加某些影响的，尤其是当这样的交易在经济上意义不大的时候，更是如此。"对科赫兄弟来说，这笔买卖大概算的还是政治账。

（文 / 张弛）

霍夫曼：筹钱太多可能会害了自己

硅谷创业教父史蒂夫·霍夫曼曾去了一家名叫黑蛾的酒吧，见到了许多颠覆性的艺术品，其中一个是以月亮蛾为原型。霍夫曼发了这样一条朋友圈："月亮蛾不吃任何东西，所以连嘴都没有，一生只活7天，繁衍后就会死亡。我觉得，月亮蛾就像是一个个创业者，倾尽全力去触及那遥不可及的月亮，也许生命的美好就在于创造，去梦想一切不可能，包括那灼热的火焰和遥远的月亮。"

找到你的100位客户去谈

《环球人物》记者初见霍夫曼时，觉得他是个有喜感的人，因为剃了光头，说话时眼睛瞪得特别圆，常哈哈大笑。但真正对谈时，他颇有领导者风范，眼睛盯着对方，自信又坦诚，如果不打起十二分精神，真是招架不住这种气场。

我们采访那天，霍夫曼做了一场有关创业的演讲——"如何把一个很小的点子孵化成一个大企业"，开场第一个秘诀就是"不要筹太多钱"。在座的创业者深感诧异，有高额资本为其助力是他们梦寐以求的啊！霍夫曼却说："我要告诉各位，如果你筹钱太多，筹得太快，很可能会被钱伤到。"紧接着，他举了两个例子。

硅谷曾有一家叫 Colour 的初创企业，是由一位名人创立的，他的名气很大，所以 Colour 刚创立就筹到了 4000 万美元。他们的产品是一款革命性、颠覆性的照片分享 APP，有一个非常强大的团队，做了很多市场推广工作，办了大规模的产品发布会。但实际上，用户并不买账，因为日常生活中他们不需要这样一个应用。4000 万美元很快打了水漂，Colour 一无所获。

另外一个初创公司叫 Queer，他们所做的事情就是帮助风投投资有意思的发明，并且把这些发明推广到零售商店。这家公司一开始就筹到了 1 亿美元，但其商业模式存在很大的问题，产品太多，没有聚焦的方向，最后所有产品都失败了。

有些创业公司筹到不少钱，但并不知道具体要做什么，目标不清晰就会把钱花在不值得做的事情上；有些创业公司的产品与市场不匹配，他们还不了解市场需求，就进入一种可怕的烧钱模式。"所以，如果商业模式有缺陷，多少钱都不能救命。太多的钱反而使初创企业很快死去。因此，初创企业只需筹到刚好需要的那笔钱就足够了。"

曾经有位创业者找到霍夫曼说："我想做一款产品，想跟你聊聊我的想法。"他答："我又不是你的客户，找到你的 100 位客户，去跟他们谈谈，再回来找我。"

那位创业者果真这样做了，他冲出去找了 100 位客户，一位一位地问："你会喜欢这款产品吗？会不会用它？"很多客户回答他非常喜欢这个产品，希望将来能用到这款产品。此人兴奋地冲回来告诉霍夫曼客户的反馈。

"你已经输了，放弃吧。"霍夫曼诚恳地说。

"为什么？！他们不是很喜欢吗？"

"因为每位客户都会很礼貌地告诉你，他会喜欢你的产品，但没有一个客户说：'哦，天哪！我爱死这款产品了！可不可以让我每天都能用到，我想用钱来买你的产品。'"

回想一下，我们常常在手机上下载一些觉得有意思的应用，但最后却删掉了，只留下那些真正需要的应用。"所以，好产品一定是能够向用户提供极致价值，不管它是极致的娱乐价值还是极致的实用价值。"霍夫曼说，"对创业公司来说，最重要的事情不是钱，不是市场，也不是你半夜三更突然想到的好主意。最重要的事情是知道自己的客户是谁，他们需要什么商品，如果不知道客户的需求，就永远不能做到最好的创业公司。"

成为一个"杂家"

霍夫曼出生在一个重视教育的犹太家庭，父亲是麻省理工学院教授，母亲是现代抽象艺术家，他笑谈自己"一半是工程师，另一半是艺术家"。

年轻的时候，霍夫曼内心常有一股制造东西的冲动，但可别小看了他这股"冲动"。高中毕业时，他已制作了50多部短片，撰写了一部"糟糕的科幻小说"，开发了一个软件数据库，设计了数十种游戏……家里的花园还堆满奇形怪状的陶土雕塑，这也是他的"作品"。霍夫曼说自己是个"冒险者"，也是个"爱做梦的人"，唯一追求的是"做想做的事，而不是那些看上去应该做的事"。

不过，他想做的事情可真是太多了，所以这些年从事的职业也是五花八门：计算机工程师、电影制片人、作家、游戏设计师、风险投资人、配音演员、创业者……这些不同的经历把他练成了"杂家"，他也因此了解了各种行业的用户。

当然，身为一名创业导师，影响他最深的自然是创业者这个职业。霍夫曼曾先后与人合作创立3家企业，最后都获得了风险投资。对他来说，创业是一段刻骨铭心的经历："目睹过互联网泡沫的膨胀和崩溃，经历了2008年国际金融危机，也赶上了最大的几波技术浪潮。曾在'战壕'里挣扎，知道创业有多艰难。"但最后这些都沉淀下来，成了他开展创业教育的基础。

2012年，霍夫曼结束了第三家创业公司，决定休息一段时间。那时，他的很多朋友开始在硅谷创业，他们找到霍夫曼说："你是怎样写商业计划书的？怎样融资的？我该让哪些人进入我的顾问团？……你一定得帮帮我啊！"

几个月后，霍夫曼意识到大多数创业者问的是相同的问题，因此他在网上贴出"答案"，其中一些帖子疯传开来。很快，一些陌生的创业者也向他求助。为了解答更多的创业问题，霍夫曼创建了创始人空间项目，开始和同事在旧金山、硅谷举办一系列的以创业为主题的圆桌会议。不久，这些会议扩展到洛杉矶、纽约、得克萨斯……几年后，创始人空间项目逐渐从霍夫曼的一个业余爱好和义务活动，变成了一个全球性企业。

如今，创始人空间已经孵化出很多著名的企业，如 Instagram、Etsy，他们都曾是非常小的企业，都在创始人空间孵化器起步，现在都已是市值百亿或者千亿级的独角兽企业。在演讲现场，霍夫曼展示出一张 PPT 地图，红色的星星一簇簇闪耀着，它们代表创始人空间的全球 50 个合作伙伴。因着这些年积累的成果，创始人空间孵化器也被《福布斯》杂志评选为全球第一的加速器空间。

让创业者说出心中答案

霍夫曼在中国花了大把时间，因为中国已经是创始人空间最大的境外合作伙伴。创始人空间已经在北京、上海、武汉等地设立孵化器辅导初创企业。很多中国的创业者慕名向他请教，不少创业者问他一个问题："我是不是应该放弃了？我已经坚持了半年了，一年了……"

"你知道我是怎么回答的吗？赶紧放弃啊，千万不要再坚持了！"霍夫曼瞪起眼睛，表情夸张地对记者说，"很多人会鼓励他们再坚持坚持，我从来不这样说。没有一位创业者想半途而废，成为一名失败者，当他们问出这句话时，心中就有答案了。如果可以继续走一步，他们肯定会问接下来怎么做。不过，这里的放弃只是放弃这个项目，绝不是放弃继续成为一名创业者。"

如今,中国的一些创业公司已经得益于创始人空间,有所发展。例如上海的一家创业公司做出了一款邮件APP——hiibook,以对话的形式来呈现用户的邮件,除此之外用户还能够发送文字、文件、图片、视频、语音等内容。霍夫曼同创始人见面时,hiibook已经有1000万的下载量了,但他们正面临两个问题:第一,投资人正催他们在产品中加入广告,怎么办?第二,他们正纠结于是否集中资源进军美国市场。

两个问题的答案都是否定的。霍夫曼解释:首先,他们不应在这个阶段做任何可能减慢用户增长的事,脸书、推特、微信以及其他任何快速发展的应用,都是在市场上占主导地位后才加入广告的。其次,他们应该更专注于中国市场,他们的团队并不大,在美国运营要投入大量的资源,这会影响他们在中国扩张的能力。而且他们在美国投入大量时间和资源后,很可能发现,在美国hiibook并不太受欢迎,微信就是如此。对于初创企业而言,专注于一个已经立足的市场是一个更好的选择。霍夫曼说:"如今,创始人空间帮助hiibook走进了韩国和美国市场。"

中国这么大,区域这么广,每个城市都有独特的"性格",创始人空间怎样帮助中国的创业者?霍夫曼有一套策略,他打算在中国主要城市找到合作方。这些合作者是有要求的,他们必须在当地长大,在当地有自己的关系网。这样的合作者就能引导创始人空间在当地扎根。武汉的创始人空间就是按照这样的模式创办的。

霍夫曼说,教育是他最大的任务。除此之外,他想作为一座桥梁,连接中国、美国以及其他国家。如果中国的创业者想走出去，创始人空间就能帮助他们走向硅谷，走向包括日本、德国等创始人空间涉足的 22 个国家。当然，如果别的国家想走进中国，创始人空间同样可能成为那座桥梁。

（文 / 王媛媛）

理查德·布兰森：因为"疯狂"所以成功

2019年，69岁的英国亿万富翁、维珍创始人理查德·布兰森宣称，他计划乘坐维珍银河的飞船前往太空。

布兰森是疯狂人生的最佳诠释者。这个长得像狮子一样的英国人，16岁开始办杂志，采访了米克·贾格尔和约翰·列侬两位重量级人物，21岁买下一座城堡做录音棚，成立唱片公司，维珍正式起步。他被称为最抢镜头的"嬉皮大亨"，曾经驾驶热气球飞过纽约时代广场，还在海湾战争时驾驶自己的飞机进入巴格达解救人质。

正是这些天马行空、看似毫无关联的因素构成了布兰森。他是一个顽童，也是一个有谋略有头脑的商人。他的维珍集团分为旅游休闲、通信与媒体、音乐娱乐、金融服务、健康以及人类和太空六大板块，涉足唱片、航天、航空、铁路、饮料、银行、保险、化妆品等300多个行业。每进入一个行业就颠覆行业既定规则，维珍铸就了全球"单一品牌跨产业经营"的典范。

商学院的规矩条理在布兰森这里不起作用，他将自己对人生意义和商业价值的理解奇妙地混合到了一起。对大部分企业家来说，企业代表了他的经营理念，但对布兰森而言，维珍映射的是他的精神世界。

不好玩儿，就别做

在大众眼中，布兰森是个喜欢"惹是生非"的人，他和他的维珍集团从来都是不按规矩、野蛮生长。实际上，正如他自己所说："不管是我的一系列气球飞行活动，还是我建立的一系列维珍公司，都是一连串彼此紧密联系的挑战。"

布兰森曾公开给年轻创业者传授成功秘诀，最重要的一条就是：不好玩儿，就别做。要让布兰森下决心做一件事，必须具备一个前提：有趣。他说："人们一生中大多数时间是在工作中度过的，因此对工作感到开心太重要了。投入自己感兴趣的工作中是人生最大的乐趣。"

虽然后来布兰森做了很多了不起的事，但他一手缔造的《学子》杂志，毫无疑问是他传奇的起步，也奠定了他"工作一定要快乐"这信念的基础。办杂志那段经历完全可以拍成一部好莱坞青春励志片。在几个十几岁孩子租住的地下室里，高保真音响每天都放着鲍勃·迪伦、披头士或滚石乐队的音乐。布兰森时不时会透过脏兮兮的窗户往外看，如果天气好，他就关掉音乐，跟大家说我们必须出去散步，一群人一路闲逛，穿过海德公园，高兴时干脆跳到河里游泳。

在那时的布兰森身上，人们看到了一个激情澎湃、生机勃勃的年轻创业者形象。他对"如何才能创业成功"作出了完美的诠释：每天早上如果你迫不及待想要工作，那你就距离成功不远了。

2007年7月，布兰森接受新闻主播鲍勃·希弗的采访。鲍勃问布兰森为什么要辍学创办《学子》杂志，并从此走上经商之路。布兰森盯着鲍勃，突然意识到自己从未对所谓的"经商"感兴趣。他告诉鲍勃："因为我喜欢创造新东西。"虽然这个答案听起来并不铿锵有力，但布兰森说，这正是他创业至今的切身体会。

生意做的就是乐趣

这些年来，维珍业务遍及多个领域：铁路运输、建造太空飞船、在非洲成立新的航空公司，以及协助防治艾滋病等。布兰森说，一些记者批评维珍的经营不符合一般意义上的企业经营理念，但维珍集团最重要的独特之处就在于"我们一直谨记企业经营的目的"。和"不好玩儿，就不做"相对应的是"好玩儿，就要做"。

1984年2月，一个美国人找到他，问他是否有兴趣经营航空公司，那时，维珍唱片刚刚走向正轨。虽然一再提醒自己，千万别受诱惑，但布兰森还是被这个主意吸引住了。为了说服西蒙和肯这两位合伙人，布兰森软磨硬泡，最后拿出了自己的杀手锏，郑重其事地告诉他们"这事很有趣"。当他说出"有趣"时，西蒙和肯都畏缩了。因为他们知道，对布兰森来说，这是一个意味深长的口头禅，是他的首要商业标准。

有趣战胜了一切。维珍航空的首航是一次长达 8 小时的派对，飞机上装了 70 箱香槟，伴着麦当娜的热门歌曲，人们在机舱过道里翩然起舞。空服人员给大家发巧克力冰淇淋，维珍航空的这一传统由此开始。

维珍成功的秘密恰恰就在于乐趣，而非其他。其实布兰森明白，认为经商有趣的观点和传统不符，这完全不是商学院教学生做生意的方式。在大部分人看来，做生意意味着苦差事，意味着"贴现现金流""净利润"等生硬的词汇和概念。可对布兰森而言，生意做的就是乐趣。从一脚踏入商界到现在的 50 年里，布兰森几乎没有坐过全天办公室，因为他从不认为工作是工作、娱乐是娱乐。"做生意不只是西装革履，或是伺候股东。而是诚实面对自己，了解内心的想法，然后专注最重要的部分。"布兰森说。

正是这种将有趣作为核心的不羁性格，使布兰森和维珍在消费者心目中成为一种追求自由、享受人生价值的象征，而不仅仅是一家公司、一个商品。

纽约街角的"头等舱椅"

布兰森一生都在做一些稀奇古怪的行为艺术，但最为人所知的还是他为维珍航空做的推广活动。

维珍航空曾把在纽约曼哈顿街角一把普通的街椅改造成了"头

等舱椅"。只要有路人坐在椅子上，就会有穿着维珍航空制服的空姐端着饮料酒水前来服务。对于公众来说，这是一次既愉快又深刻的体验。

布兰森与亚洲航空老板费尔南德斯的赌局，更是全球商界最著名、最有趣的赌局之一。两人曾以各自名下的F1车队排名打赌，输者得穿上空姐制服，到对方的客机上服务。结果布兰森的车队败北，他兑现承诺，化上浓妆、穿着空姐制服为费尔南德斯端茶倒水。

2012年伦敦奥运会开幕前夕，维珍航空公司在纽约联合广场举办了一场脑洞大开的"逗笑皇家卫兵"营销活动。谁能在一分钟之内逗笑"皇家卫兵"，就能领取一张去伦敦看奥运会的免费机票。原本一场看似平淡无趣的航空公司机票促销活动，最终在社交平台上吸引了超过340万人的转发和关注。

布兰森一连串天马行空行为的背后，其实是深思熟虑，是执着坚定和不懈努力。有时很难判断一些成功人士所宣扬的企业文化是否发自内心，但是对布兰森而言，他是本性如此，表里如一。

"狂人"的幸福家庭

布兰森曾说："在风起云涌的岁月里，维珍既没有跨国公司的优势，又享受不到国家垄断的舒适，不得不在逆境中向前航行。想到这里，我再次感谢命运之神赐给我一个稳定的家庭。"对布兰森来说，不仅是成年后自己组建的家庭，当他还是个孩子的时候，父母、亲戚和整个家族给他的影响都是幸福快乐的。

布兰森的外婆多萝西创造了两项英国纪录：89岁时，通过了高级拉丁美洲国际标准舞考试，成为英国通过这项考试年龄最大的人；90岁时，她成为高尔夫球场上一杆击球入洞年龄最大的人。在去世前不久，外婆乘坐一艘游轮周游世界，还写信给布兰森说，在她的一生中，过去10年是最美好的。

布兰森的姨妈克莱尔成功拯救了当时已是濒危物种的威尔士山地绵羊。若干年后，布兰森接到姨妈的一个电话，她说，"有一头绵羊开始唱歌了"，并且要求"现在我想给它灌一张唱片，能不能派几名录音师过来"？那天下午，一群录音师为那头会唱歌的绵羊录了音，后来维珍发行了歌曲《咩咩黑绵羊》，获得了排行榜第四名的成绩。

这一家人都喜欢标新立异，更难得的是，他们相亲相爱，互相支持。父母一向以平等的姿态对待布兰森和两个妹妹，鼓励他们独立思考，而不是指指点点地提意见。布兰森五六岁时，和乔伊丝姑姑打赌，在假期结束时学会游泳，赌金10先令。到了假期最后一天，他拼命一试，跳进了水流湍急的河里，并成功游上岸。当他拿着那张10先令钞票时，扭头一看，发现爸爸也全身湿透了——爸爸没有阻拦他，但也跳进了河里跟在他的身后。

成年后，布兰森和父母保持着亲密关系，他们是最好的朋友。2004年，布兰森陪伴父亲去露营。50多岁的儿子和80多岁的父亲在帐篷里度过了10天，两人仰望星空，常常促膝长谈至深夜。

在这样的家庭中长大，一方面让布兰森有足够的勇气放飞自我，另一方面，他对家庭和感情一心一意。他与妻子琼相敬如宾40年，每次谈起妻子,布兰森从不掩饰自己的深情。当有记者问他最浪漫的度假地是哪里时,这位不羁的亿万富翁给出最简单的回答:与妻子琼在一起的任何地方。

(文/张勉)

霍华德·休斯："钢铁侠"的开挂人生

说到现实版钢铁侠，人们马上会想到埃隆·马斯克。但事实上，1963年钢铁侠形象首次在漫威漫画登场时，马斯克还没有出生，而原型另有其人，那就是霍华德·休斯。仔细对比，休斯和钢铁侠的相似度确实很高。他们都是富二代，都掌管着一家军工企业，都是天才发明家，都热爱在天上飞……

如果用一个关键词来概括霍华德·休斯，那就是开挂的人生：他横跨影视娱乐、石油设备、飞机制造、房地产及医疗等行业，都大获成功。他赚了很多钱，却不像商人，更像一个理想主义者。他挑战规则，跨越行业，超越极限，用经历告诉我们：最大的乐趣不在于结果，而在于追求的过程。

拍电影的石油大亨

休斯事业的黄金期，正好与美国两大行业的黄金期重合，那就是电影和航空。这二者是休斯的两大爱好。很难说，是休斯的爱好赶上了机会，还是他把机会变成了爱好。

拍电影是休斯最早把爱好和事业结合起来的尝试。休斯的父亲老霍华德本是一名石油工人，后来靠发明一种特殊的油井钻头起家，成立了休斯工具公司，事业做得红红火火。但就在公司急速发展的时候，老霍华德因心脏病猝死。

当时，还不到19岁的休斯继承了父亲75%的股份，剩下的25%被分给了亲戚。由于休斯年轻，亲戚们都想干涉决策。休斯想方设法花光了自己所有现金，买回了全部股份，拥有了公司的完全决策权，这才走出了进军好莱坞的第一步。

石油和电影，两个行业天差地别，想要全力投入电影事业，势必无法兼顾石油业务，而后者才是休斯财富的主要来源。休斯选择了诺亚·迪艾克里特作为助手来管理休斯工具公司。在后来的40年里，迪艾克里特成了休斯最亲密的伙伴。他回忆说："休斯身上有种神秘的能力，他一眼就能鉴别出对方是敌是友，这种技能成就了一个亿万富翁。"

此后，休斯就开始烧钱了。电影事业就像个碎钞机，他倾注全力投资的第一部电影试映时遭到了全场哄笑，没能公开发行。有亲戚看完电影后劝休斯："放弃电影吧，你不会成功的。"

但他们都忘了，这是20世纪20年代，是美国经济进入大萧条前的繁荣时期，是电影的黄金年代。第一次世界大战后，人们变得愤世嫉俗，开始迷恋物质，追求享受。好莱坞给美国人造了一个又一个奇幻美丽的梦，让大家如痴如醉。

休斯享受其中，也看到了机会，他认准电影业会长期繁荣。首部电影的失败没有让他打退堂鼓，反倒激发了他的斗志。他索性成立电影公司，聘请知名导演拍摄。他的第二部电影得到了票房口碑双丰收，第三部电影《两个阿拉伯骑士》还赢得了第一届奥斯卡最佳导演奖。此后，休斯跻身好莱坞知名电影人行列，在30年的时间里参与制作了40部电影，其中还有像《疤面人》这样影史留名的伟大作品。

无视希特勒的飞行冒险

如果说电影让休斯名利双收，那么飞行则让他成为传奇。他对飞行的热爱，绝不是有钱人玩票。休斯一生对飞行的贡献和投入，让他无可置疑地成为20世纪最伟大的飞行员之一。

休斯从小就热衷发明。在开过当时各种各样的飞机后，他决定自己发明一架飞机。他的目标很简单，刷新法国飞行员创造的每小时314英里的飞行速度世界纪录。

1932年，休斯成立了休斯飞机制造公司。3年后，名为"银色子弹头"的飞机问世了。休斯亲自驾驶这架飞机，飞行时速达到352.6英里，创造了新的世界纪录。

1937年，休斯再次驾驶"银色子弹头"，完成了世界上最伟大的远程高速飞行，他只用7小时28分钟就完成了横穿美国东西海岸的飞行，创造了另一个世界纪录。

1938年，休斯再度刷新一项世界纪录，他开着公司全新制造的"群星号"飞机，用3天19小时17分的时间，完成了环球飞行。当时正是德国法西斯最为嚣张的时期，休斯在巴黎完成补给后，作出了一个非常危险的决定：无视希特勒的防空命令，直接从纳粹德国的上空飞过去。最终，"群星号"在德国战机的紧追不舍中飞过德国上空。

那几年，饱受经济萧条之苦的美国人正如饥似渴地盼望着英雄的横空出世。休斯的一系列飞行壮举，让他超越了所有好莱坞明星，成了当时最受美国人爱戴的人物。

热衷飞行的同时，休斯还想拍摄一部飞行题材的电影，名为《地狱天使》。两大爱好结合在一起，休斯几乎投入一切。《地狱天使》的总投资达到了 400 万美元，这在当时是天文数字，休斯为此几乎破产。

除了投钱，休斯还事无巨细地参与到电影的制作中，他最重视的是飞行场景。为了达到理想效果，休斯用 87 架飞机组建了当时最大的"私人空军"。有一次，他要求飞行员驾机俯冲到距地面 200 英尺时突然拉起，所有飞行员拒绝完成这个无异于自杀的动作，于是休斯决定亲自上阵。他果然遭遇了坠机，随后被诊断为严重脑震荡和头骨骨裂。但他无视医嘱，居然第二天就跑回了片场继续拍摄。

经过 3 年的拍摄，《地狱天使》上映后收获巨大成功，票房达到了惊人的 800 万美元，成为经典之作。休斯一举成为好莱坞金牌制片人，而当时他只有 25 岁。

迷恋新技术

休斯的另一个成功经验就是对新技术的极度重视。热爱技术是休斯的一大标签，这一点也被原原本本地复制在了漫威角色钢铁侠身上。

虽然休斯用了大量时间在电影和飞行上，但他从来没有放弃过父亲留给他的休斯工具公司，他一直想办法确保公司在石油钻头设备行业的垄断地位。他坚信，维持垄断地位最好的办法，就是创新。

在休斯接手公司后的6年里，一共新增235种新款钻头，许多钻头的诞生引起了原油开采的新革命。1931年，休斯成立一个研究室，聘用200位科学家，致力于提高全世界的石油开采量，这是美国最大的私人石油实验室。

休斯的律师回忆说："休斯在休斯工具公司管理中所取得的成功一直被人低估，他们总说休斯的成就是靠运气取得的，事实上他孜孜不倦，勤于钻研，思维敏捷，一个晚上就能随手记下十几个创新想法。在约会时，他竟冲到电话机旁，往公司总部打电话，一打就是几个小时。"靠着不断创新，休斯工具公司的利润节节攀升，于1948年达到了惊人的5500万美元。

在飞机制造上，休斯对技术更加迷恋，他曾说："当我发现命运赐予我这么巨额的财富时，我觉得太讽刺了，因为我宁愿把生命交付给工作，在工作间里发明和测试飞机。"

第二次世界大战爆发后，休斯敏锐地捕捉到战斗机的巨大市场，成立了一支由设计师、工程师和科学家组成的500人的"梦之队"，研发轰炸机和侦察机。1943年，美国空军与休斯签订了100架侦察机的合同，金额为4300万美元。休斯正式从飞行大亨转型为军工大亨。

之后，休斯又成立了休斯电子公司，致力于军事电子技术的研发，很快就成为美国空军和海军的最大武器供应商。休斯电子公司早期的成功项目之一,是发明并生产出了空对空导弹。这一发明不仅是空战的一次革命,也为休斯带来了巨额财富。休斯飞机公司还发明了全天候拦截机,并革命性地提高了美国战时直升机的性能,甚至还在1963年发射了世界上第一颗地球同步卫星。

到1953年,休斯飞机制造公司和军方的合同达到了每年两亿美元。另外,中央情报局每周都要向休斯支付200万美元,用于购买间谍设备。美国前总统杜鲁门称休斯为"美国防空系统的灵魂人物"。休斯也因此成为美国历史上首位10亿富翁。

休斯的成功固然与父亲打下的基础分不开,但他后来达到的成就和财富,绝不是父亲可比的。休斯对梦想的全情投入,对市场风向的把控以及对创新的天赋和热爱,让他成了20世纪美国最传奇的商业大亨。

(文/孙夏力)

高效能的经营管理

柳井正："常败将军"的首富之道

柳井正不想退休

2019年2月，日本迅销集团会长兼社长柳井正迎来他的70岁生日。此前日本媒体报道，柳井正计划在70岁退休，但是柳井正回应："我不会退休的，只要脑子还清醒，我会一直担任社长兼会长的职务。"

如今，在快时尚领域，柳井正创办的优衣库是唯一能和Zara、H&M、Gap等大牌并驾齐驱的东方品牌。截至2018年，优衣库在全球19个国家与地区拥有3445家门店，在日本服装行业处于绝对领先位置。

柳井正今日的辉煌，是用无数失败换来的。他不是学服装或者管理出身，也不像孙正义那样从小表现出惊人的商业天赋，甚至还曾被许多人看作是不着边际的败家子。从开第一家店到公司上市再到国际扩张，柳井正这一路经受了不少教训，也得到了许多智慧。

父亲作了一个重大决定

孙正义的青少年时期，起步低，但天分高，人很勤奋。而柳井正恰恰相反，他起步很高，父亲是山口县当地有名的西服店老板，家境殷实。可柳井正年轻时并不上进，读大学时每天看电影、打麻将，结果毕业就失业，最后还是靠父亲的关系去了一家超市当店员。然而他觉得这份工作无聊，没多久就辞职了。

失业在家，柳井正成了外人眼中的纨绔子弟。当时，父亲的西装店正处在黄金期，年销售额有1亿多日元。看着在家啃老的儿子，父亲作了一个需要勇气和魄力的决定，将西装店交给儿子。在他看来，只有当一个人懂得责任的意义和重量时，才能真正学会用心去做事。

一开始，柳井正觉得经营一家店铺没什么，常常对着店员侃侃而谈自己的经营理念，结果6个店员走了5个，只剩下一个老员工。这是柳井正人生中第一次遇到如此大的失败，他把自己的遭遇讲给父亲听，没想到父亲什么也没说，而是把公司的账本和公章都交给了他。

柳井正后来觉得，父亲的做法堪称伟大，完全体现了一个企业家的魄力。正是因为父亲完全的信任，柳井正感到了沉重的责任感，他开始有了一种"豁出去"的工作热情。从那以后，柳井正带着那位员工，开始了二人经营模式。进货、陈列、库存整理、接待客户、算账、打扫，全部都靠两人完成。柳井正几乎参与了店铺管理、经营的每一个细节，甚至包括帮客人量尺寸、修裤脚。

经过两年的训练，柳井正看到对面走来一个人，就能马上说出他穿衣服的尺寸，知道他胸围腰围的大小。而父亲交给他的西装店，也慢慢走上了正轨。

这就是柳井正学到的第一课，没有人可以光靠着想法做事业。要想经营一个公司、一家店面甚至一个摊位，必须从每个小环节做起，必须熟知每一个流程，不然永远是天方夜谭。

经历"一胜九败"

20世纪80年代，柳井正去美国大学生活协会的购物中心参观，发现协会的店铺完全采用自助模式，学生进店像逛书店一样随性，店员随时随地补货整理的行为也让他印象深刻。于是他有了打造"任何时候都能选到衣服的巨大仓库"的想法。这就是优衣库的由来。

除了在美国大学里获得灵感，柳井正还向佐丹奴创始人黎智英学习服装生产链运作，向财经作家学股票买卖，这些对其自产自销策略及公司上市都提供了很大帮助。今天优衣库的生产、销售模式，基本上都是柳井正在20世纪八九十年代从世界各地学习总结而来的，而这些先进的经验，也让优衣库很快在日本走红。

不过很快，柳井正就遇到了第二次失败。20世纪90年代，优衣库遭遇了一次口碑"滑铁卢"。当时，有人反映优衣库的衣服洗一次就脱线，要求退货的人越来越多。给柳井正敲响警钟的是一次偶然的机会。一天，他发现有顾客为了不让人知道商品是从优衣库买来的，特意把标牌裁掉，对他们来说，优衣库就是低端的代名词。这件事对柳井正打击很大，他下定决心改变现状。

首先，柳井正允许顾客在购买后3个月内无理由退货。然后，他开始实施一项叫作"匠工程"的计划。他召集了大批经验丰富的退休纺织工人，派到工厂当教练和监督，同时，他又在日本本土招聘留学生，让他们回国管理工厂生产。这两拨人，一拨掌握日本技术，一拨掌握企业文化和两国语言，配合相得益彰。于是，优衣库的服装质量有了很大提高，很快就摆脱了低端的名号。

当然，在柳井正的经营生涯中，还有很多失败，这些都记录在了《一胜九败》这本书里。1995年他在纽约创立设计子公司失败；1996年，他收购了一家儿童服装品牌，差点让优衣库陷入困境；1997年，新设立的支线品牌反噬母品牌，导致双方市场份额都出现下滑。这些尝试最终都以失败告终，但也让他想明白了一件事：失败往往因为缺乏实践的检验。

此后，柳井正花了大量力气在市场调研和前期准备上，他甚至花重金向顾客悬赏有价值的意见。功夫不负有心人，1998年，优衣库在东京原宿的店面开张，从装潢到管理再到服装陈列都是根据前期调查精心设计的，因此很快就得到了市场的肯定。

"广告要么是0分，要么是100分"

柳井正虽然是个常常"犯错"的老板，但他在一件事情上几乎没有失误过，那就是打广告。

优衣库的广告的确大出风头。2016年，优衣库在全球范围内发起"我们为什么穿衣服"的主题活动，其中一句"7秒决定别人对你的第一印象"的文案成为一时热点。2017年，优衣库在韩国给50万顾客发送了带有优衣库标志的气泡包装纸，顾客只要将其贴在窗户上，就能提高室内的取暖效率。此举不仅让优衣库免费在50万个窗户上打了广告，还让优衣库短期销售额提高了两倍。2018年，优衣库让网球天王费德勒穿着他们的衣服比赛，和芝麻街、哆啦A梦等卡通品牌合作推出联名款，吸引了不少目光。

在东方企业里，优衣库的广告宣传是数一数二的。实际上，1984年第一家优衣库店在日本广岛开张时，柳井正就已经是一个非常会运用广告的人了。当时他在电视做了大量预告广告，在商业街、学校附近散发了大量宣传单。

经过30多年的摸索，柳井正有了一套自己打广告的哲学。他经常说："广告宣传，要么是0分，要么是100分，没有中间值。"在他看来，广告就必须做到极致。

把自己省成首富

大多数日本企业家都具备节省的品质，多次登顶日本福布斯富豪榜的柳井正也不例外。他没有车，有需要时就坐公司配车，私人开销只有吃喝住行。他从不去夜总会，从不外出喝酒，晚上12点前必须休息。

除了个人生活，节省也体现在产品里。柳井正在《纽约时报》发表过一封信，表达自己要给全球消费者省钱的决心。他说优衣库未来要设计出高科技保暖衣，制造能利用太阳能发热、给手机充电的衣服，这样每个人都能成为太阳能发电机，节约电能。

除了省钱，柳井正还要省的就是时间。因为工作节奏快，他被称为迅猛龙一样的男人。在总部，柳井正走到哪里，就把会开到哪里，并且当场作出决策，他把这种制度称为"One Table Meeting"，意思是只要有桌子就能开会。

尽管柳井正做事理性，沉默寡言，但私底下其实是个感性、温柔的人。外界认为他和父亲关系不亲密，但在父亲的葬礼上，柳井正第一次在众人面前大哭，发表了感人的悼词；他是日本慈善捐款最多的企业家之一，日本大地震时一口气就捐了10亿日元；他对待女性非常绅士，并在公司要求消除男女差别，赢得了员工的尊敬。

优衣库的英文是Uniqlo。它是将英文"独一无二"和"服装"这两个单词结合后创造出来的一个词。可以说，柳井正和他的品牌一样，真正做到了独一无二。

（文/余驰疆）

约翰·布朗：不做最大，只做最好

在美国《财富》杂志2005年"全球500强公司"的排行榜中，英国石油公司（BP）以2850多亿美元的年营业额，位居第二。在全球瞩目的"世界石油三大巨头"的角逐中，它首次超过美国埃克森，雄居第一。

作为英国商界的传奇人物，BP CEO约翰·布朗，近年在世界石油战场上叱咤风云，令所有业界人士刮目相看。2015年，记者在英国48家集团俱乐部组织的首次"破冰者演讲"活动中，再次见到了布朗先生。

在中国投资超过40亿美元

布朗的演讲从中国古代科学技术史开始。他说，科学作为一种自然力，对人类的进步起了至关重要的作用。布朗曾告诉记者，他的最大爱好是读书。在他的选择中，有关中国的书籍正在增加。

布朗第一次访问中国是在1978年，住在北京饭店。"那是当时最好的饭店，但是一切都很旧，街上的人都穿一样的衣服，都骑自行车，小汽车很少。"2003年，布朗在北京时，友人请客，他又一次来到北京饭店。时隔24年，里面的变化让他感到吃惊。他说，他看到的变化就像发生了一场革命：街上到处跑的是汽车，人们穿着漂亮的时装。中国人工作努力、专注，非常重视教育。他认为这是最重要的，因为一个国家的繁荣，建立在人民对未来的执着追求上，教育水准越高，未来就越好。

现在，布朗已经成为中国政府和石化企业的老熟人了。2004年5月，时任总理温家宝访英期间，曾专门与布朗勋爵就中国能源问题举行了圆桌会议。布朗曾向温总理提过不少建议。

布朗向记者介绍，在过去的30年里，BP在中国的投资额超过40亿美元，是英国在中国投资最多的公司。2004年11月，中国石油与BP集团的合资公司"中油碧辟石油有限公司"在广州成立。BP的一次大投资是在2005年12月，BP以4400万美元入股中航油，在重组后的中航油持股20%。

布朗认为，中国要应对石油需求的增长，短期内最有效的方法是分流供应市场。如果有多样的供应源和多样的基础网络，市场就能有效运行。如果一个来源或途径因任何原因关闭了，总有一个后备的，这样才能确保能源安全。

BP哲学：不做最大，只做最好

记者第一次采访布朗先生是在BP的英国伦敦总部，听他侃侃而谈 BP 的发展哲学、创新哲学和用人哲学。这是一位谈吐温雅的小个子先生，英国人用"他有两个大脑"来形容他的智慧。

记者来到 BP 伦敦总部后，第一个反应是，BP 总部"简陋"的外观，与 BP 公司的耀眼光环形成了巨大的反差。该公司总部坐落在伦敦市中心古老的圣詹姆斯广场，一座 5 层楼夹在一片老式楼房之间。没有世界大公司通常的玻璃幕墙或摩天大楼等显赫外表，没有醒目的广告，只在不大的玻璃门旁有一个绿白色公司标志，告诉我们这就是名声显赫的英国头号大公司的总部。门口一位戴着耳机的便衣保安和善地将我们引进现代、敞亮的大厅。一名负责与媒体打交道的资深职员，带我们来到一间会议室。我们正在聊天的时候，布朗勋爵笑眯眯地走了进来。他自己从咖啡机前倒了一杯咖啡坐下来。一切都那么轻松自然，甚至使人忘了这就是统领分布在世界 100 多个国家的 10 万员工的石油巨人。

记者开始发问："您在 7 年里就把 BP 从一个中等公司打造成世界石油的三雄之一，下一步，您是不是想做世界石油之王？"布朗笑起来，没作正面回答："BP 规模要做大，但规模不是目标，我们的目标是做得最好。公司有足够大的规模，就能做很多别的公司做不了的事情，你可以把业务扩展到世界范围，搞大的项目。这样能吸收全球最好的人才和技术，拥有更好的开发能力和销售市场。现在世界石油行业有三大公司，美国埃克森公司、英国石油公司和英荷壳牌公司，其他的就小得多了。在这三家当中，我们不一定能成为最大的公司，但要成为最好的。'最好'的含义是：给股东长期的回报，对政府、社会和市民有责任感。不能只为眼前利益而损害了政府、市民和自己员工的利益，而要着眼于长远。在英国、在世界其他国家都是一样。这就是我们BP的哲学。"

布朗是英国剑桥大学物理专业的优秀毕业生和美国斯坦福大学的工商管理硕士，20世纪60年代末进入BP工作。在石油行业几十年的历练，使他深知石油的战略意义，并因此对石油资源的开发有着独到的见解。他说，全世界都盯住中东一个地方的石油，这是很危险的。20世纪70年代，世界爆发了石油危机，英国从那时开始开发北海油田，从而避免了欧洲的能源危机。但从长远看，这还很不够，因为石油这种产品是生产一桶少一桶，必须不断发现更多的能源储藏才会安全。

不过布朗的发展从不盲目。他说，与多数大企业一样，英国石油公司只是在一个方面做得非常好，即石油和天然气开发与生产。

靠几个大手笔跻身世界级企业

布朗的名气主要来自于他在BP的成功。1995年，他出任BP的CEO时，BP才是一个中等公司。仅仅几年之后，BP就变成了世界第一大石油公司。这中间的奥秘是什么？布朗说，做生意最重要的是两件事，一是决策创新，敢做别人没有做过的事，要做"第一个人"，抓住最早的商机，因为在还没有竞争对手的时候，能有很多选择；二是要有好的团队，因为没有一个人是全能的，要有一批各有专长的优秀人才队伍。

布朗为我们讲了两个故事。几十年前，当他接任BP财务总监时，由于公司对北海油田的过度投资，加上政府的高额税收，公司陷入了财务危机。此时，他作出了前所未有的决策：把10%能赢利的油田分成40块拍卖。结果，许多小公司踊跃购买。拍卖出奇地成功，BP从中赚了很多钱，度过了财务危机。

布朗出任公司CEO时，BP只有两个油源——北海和美国的阿拉斯加。与世界级石油公司相比，BP缺少资金，技术也很差，只有很小的回旋余地。布朗率先采用了世界最先进的金融手段，以全部换股的方式并购了美国阿莫科公司，原阿莫科公司和BP分别占有新公司40%和60%的股份。接着，BP又在1999年买下美国阿科石油公司。这两项收购，使BP在2000年前9个月的利润达到了创纪录的109.7亿美元。2001年，BP又并购了德国的维巴公司，从而一跃成为全球第二大石油公司。其间，布朗还投资了英特尔、高盛等"朝阳产业"公司。可以说，这几个大动作，使BP在短时间内取得了世界级企业的地位。布朗说，在他之后，别的公司纷纷效法，但BP选择了最好的时机，买到了最好的公司。

布朗的话匣子打开了。他又讲到了在中国的投资。他说，中油和中石化上市时，中国公司希望他能购买大批的股票。他开始感到有风险。"因为我们不了解这些公司，加上当时还有其他一些其他因素等，外国公司做梦都不敢买。但我们决定买。我们先后买了这两个公司10亿美元的股票。BP是第一个购买中石化股票的西方公司。我们之所以决定买，是因为我们对中国政府和中国公司有很强的信心。我很高兴，这两家公司表现很好。后来，很多西方公司都来买，现在全世界都看好中国的投资市场。"

"我们有最好的团队"

记者请布朗讲讲他个人的成功故事。他笑笑说不喜欢讲故事，但有3件事非常重要。"一是正确地选择优秀人才。"布朗说，他的周围有很多非常优秀的人才，有的一起共事25年了。布朗说，BP是一家世界性的公司，它在104个国家有分公司，它的11.7万员工也来自世界各地，其中美国人占1/3，英国人只是少数。BP大胆使用人才，吸收全世界最优秀的人才。"二是要使有才能的人组成团队，为一个共同的目标而努力。但这样做的基础是必须有正确的目标，让有才能的人为一个错误目标服务是不能原谅的。三是整个团队的每个人都理解什么事情能做、应该做，这样才能行动快、抓住机遇。"

布朗要求，在BP公司里的每一个员工，头脑中都要清楚两点：第一，你自己的任务是什么，包括你的项目需要的恰当人数和质量；领导层还要对手下人员的才能、素质、掌握的资金和物质条件、所能做成的事情了如指掌；第二，保证每个人都有团队精神，要协同工作。管理人员还要能作出好的策划和计划，在研究公司战略上必须清楚、正确评估资金能力。布朗说，他们每年都会用很多时间研究计划的细节问题，一旦作出决策，就要使团队的每一个人都非常清楚。

布朗说，BP对培养年轻人、开发管理人才非常重视。他有一套独特的培训高层管理人员的方法——培训对象要抽出一年至一年半的时间，做布朗的个人助理。这在公司内被戏称为"海龟"。据说这个词来自日本动画片《忍者神龟》，意思是说，在做助理期间，小到给布朗递雪茄、替他做日程安排，大到旁听董事会的辩论、决策，无所不包。布朗说，这是为了让年轻人通过观摩来学习怎样作出正确的决策，怎样向人解释其决策，怎样与人沟通，碰到问题时哪些该做、哪些不该做……布朗说，像BP公司这样大的规模，许多事情要依靠各级领导人的个人决断，因此最好一次选对人，不要等事后再解决问题。

BP实行的领导机制也是独特的。布朗说，BP公司里只有顾问小组，没有委员会。高层在决策前要充分听取各方专家的意见，领导人在此基础上一个人作出决定，各级都是如此。布朗强调说，决策前必须听到最好的建议，而不是先决策再咨询。决策后要靠团队工作。这是BP最深层的文化。他说，这样的机制决策速度快，可以防止官僚主义和议而不决。

"我们有最好的团队"，这是BP骄傲地写在年度报告上的3句话之一。布朗说，正是这样的机制，使BP的队伍非常有效率。公司在最初进入俄罗斯时，在最艰难的时候能够打开局面，靠的就是团队的出色工作；在"9·11"危机时，BP迅速化险为夷并建立起危机处理机制，靠的也是团队高效率的工作。

温文尔雅的独身主义者

布朗勋爵头上的光环太多了：他亲手把BP带入世界石油三强和世界500强第二名；他是英特尔公司、高盛公司、史密斯——必康公司等世界大公司的非执行董事；此外，他是英国皇家工程学院和矿业冶金学院院士、化学工程学院和剑桥大学圣约翰学院的名誉院士等；他还是英国女王授过爵位的勋爵、英国上议院的议员。在全球 25 位最好经理人中，布朗是美国经理人之外的第一人。在耶鲁大学商学院院长评论世界商业领袖的著作中，他被作为具有全球眼光商业领袖的范例……

但现实生活中的布朗，是一个独身主义者。他说，这是他自愿选择的生活方式。他说自己热爱工作，每天走进办公室就会感到兴奋，但工作和生活要取得平衡，这也是他的哲学。作为公司 CEO，他最主要的工作是思考，不仅要想今天，还要想未来。工作太累了就不可能很好地思考。布朗说，经商的人一般兴趣广泛，他也是如此。他喜欢读书、听音乐、绘画和搞艺术收藏，也喜欢旅游、交友。最后他强调，他的生活观是学无止境——人要不断学习，把工作上的每一个成就都看成是一个新的开端。

（文 / 施晓慧）

雷夫·约翰森：不要低估员工的理解力

2006年9月27日，瑞典沃尔沃集团子公司沃尔沃建筑设备公司宣布，通过投资中国工程机械著名企业——山东临工工程机械有限公司（山东临工），沃尔沃将获得山东临工70%股权。此前的1999年，沃尔沃集团"壮士断臂"，把公司的轿车业务全部出售给美国福特公司，倾全力发展卡车、客车、重型机械等产业。几年过去，全新的沃尔沃集团通过一系列大手笔的兼并重组，一跃成为欧洲第一大重型卡车生产商和世界第二大客车生产商。而运作这一切的，就是素有"职业总裁"之称的雷夫·约翰森。

"沃尔沃找到了最佳人选"

每一次见到身材高大、皮肤晒得黑亮的雷夫，不管他是西装革履，还是休闲打扮，总感觉他像个整天与风浪打交道的船长，而不像一名现代化大企业的总裁。当记者在瑞典哥德堡市北郊的沃尔沃集团总部对他进行专访时，更感受到他作为集团掌舵者的自信和沉着。

"作为沃尔沃总裁，你觉得累吗？每天工作多少个小时？"面对这位从28岁起就开始当总裁的瑞典优秀企业家，记者开门见山。"哈，算不清楚了。我每天6点起床，一直工作到晚上9点。还有许多时候是在旅途中度过，我一年有1/3的时间在外旅行……"雷夫说这话时并不是在抱怨，表情里反而透着一种兴奋，还有些压抑不住的自豪。

雷夫是瑞典最杰出的企业家之一。1951年他出生于瑞典重要工业基地哥德堡市，其父列那特·约翰森曾是全球知名企业瑞典滚珠轴承厂（SKF）的总裁。雷夫从小就耳濡目染学到了不少企业管理经验。22岁时，他曾短暂地在沃尔沃公司当学徒，为沃尔沃164型轿车安装消音器。那时，他没有料到20多年后自己会成为整个公司的总裁。1977年，他获得瑞典查尔姆斯理工大学工程硕士学位。

两年后的1979年，28岁的雷夫成为伊莱克斯集团下属胡斯瓦纳摩托车公司总裁，从此开始了他高级企业管理者的生涯。1984年，他正式介入伊莱克斯集团的核心领域——家电业务。经过10多年摸爬滚打，雷夫在这家素有"白色巨人"之称的欧洲最大家电企业里，从部门经理一直做到集团总裁兼首席执行官，并获得一个绰号"洁白先生"。

1997年，46岁的雷夫衣锦还乡，回到哥德堡，成为瑞典最大企业沃尔沃的总裁兼首席执行官。当时,瑞典商界最具权威的《每日工业报》用大幅标题写道，"沃尔沃找到了最佳人选"。

在角色的冲突中找平衡

"作为一个中层经理人,你很容易想当然地认为自己可以单独解决所有麻烦事,你可以行走水上,也可以变沙漠为绿洲。但是你必须认识到一点,你个人的作用是有限的。你必须脚踏实地,归根结底,起最重要作用的是管理团队本身。"雷夫把多年的管理经验归结为3条:第一,要学会掌舵,并准备好承受巨大的压力,哪怕血压升高也要达到最终目标;第二,要不断地解释与沟通,增加企业运作的透明度,真正做到上情下达;第三,要坚韧不拔,相信自己,不怕被孤立。回忆起他第一次担任总裁的经历,雷夫无限感慨,所有的重要经验都是从胡斯瓦纳公司来的。

"当然我有些紧张。但对于那些委我以重任的人,我相信我肯定会不辱使命。如果他们相信我可以做好这份工作,那我就会做好。"当时胡斯瓦纳摩托车公司是一家小公司,在整个伊莱克斯集团中很不起眼,"也许,当时除了我没人想干这份工作"。

当雷夫带领胡斯瓦纳摩托车公司正向好的方向转化时,却被告知:伊莱克斯集团中流动资金都投入家用电器产品的开发中,他们不能再得到集团的任何新投资,只能自力更生了。在下属面前,雷夫没有批评集团董事会的决定,因为他明白本公司在集团中的现实处境。他是一个天生的现实主义者。作为这个默默无闻公司的领导者,他同时扮演着好几个角色:一方面,他与本公司员工的利益完全一致;另一方面,他又代表着集团董事会对胡斯瓦纳公司进行管理。当时，这两个角色激烈冲突着。

一次，公司产品库存大幅增加，公司冗员过多，不得不裁员。雷夫仍记得当时作决定的艰难。最后，他决定"我们的讨论已够充分了，现在我们将如实把问题通告全厂"。宣布后，代表工人利益的工会主席说："你能正视我们遇到的困难，这很好。实际上工人们早就认识到这一点了。"

从那以后，他更坚定认为，解决困难的第一步就是讲出真相，让所有人都正视困难，永远不要低估员工的理解力。

率领沃尔沃"滚滚向前"

沃尔沃是瑞典最知名的品牌，它在拉丁文里是"滚滚向前"的意思。成立于1927年的沃尔沃集团在全球25个国家拥有生产基地、8万多名员工，产品销往185个国家和地区。2005年，沃尔沃集团的净销售额达到230亿欧元，比上年增长14%，其股票每股收益也比上年增长37%。

自1997年以来的10年间，沃尔沃在大风大浪中逐渐找准定位，扬长避短，使得主要产品的市场份额增长了2倍到3倍。与此同时，雷夫本人的声誉也是一下子跌下深渊，一下子冲上浪尖。

1997年雷夫上任后发现，沃尔沃轿车部的发展由于需要巨大投入，与整个集团的发展战略形成矛盾。为了保住"沃尔沃"这一瑞典人为之骄傲的品牌，使之继续生存乃至发展壮大，1999年1月，雷夫决定将沃尔沃的轿车分公司以500亿瑞典克朗的价格,出售给世界第二大汽车公司美国的福特公司。这一决定在全国掀起轩然大波,一时间雷夫成为千夫所指的罪人。沃尔沃的股票市值跌了30%。轿车部的大多数员工也强烈反对给美国人打工,甚至有人扬言要干掉雷夫。公司不得不加强了对雷夫人身安全的保护。

但事实证明了他决策的正确。几年来,沃尔沃集中财力和物力,发展卡车、客车、重型机械等有优势的产业,并通过一系列大手笔的兼并重组,收购了雷诺卡车、麦克卡车、三星重工等13家企业,使集团在卡车、客车、重型机械、船舶发动机、航天技术和金融服务等6个领域中的市场份额都翻了一番。沃尔沃已从一个以出口为导向的企业,发展成一个多领域扩张的跨国集团。

雷夫常说:"我喜欢那些头脑开放、对新鲜事物保持兴趣的人。判断人有时很简单,如果一个刚从国外出差归来的经理抱怨这抱怨那,说什么都不习惯,他一定不会成为一名好领导。相反,喜欢多元文化的人一定懂得与人合作。"平时,他喜欢在企业到处转转,跟工人们聊聊,了解情况。这时,他总是面带微笑,心情轻松。但在每周二和周四早上,公司管理层集体锻炼的时刻,他的微笑就跑得无影无踪了。他会在走廊里大喊,"把那些企图偷懒的家伙一个个揪出来"。

"最赢利的项目将在中国"

从中国经济飞速发展的20世纪90年代开始,沃尔沃集团在中国的投资进入了高峰期：1994 年，在西安合资成立西沃客车公司，生产豪华旅游车，而今已有几千辆西沃旅游车行驶在中国的大江南北；2000 年，合资成立申沃客车公司；后在上海独资成立工程机械公司；在无锡合资成立大豪发动机公司；2005 年，在浦东兴建了占地 4000 平方米的进口汽车配件库；同年 6 月，沃尔沃卡车公司与中国重汽投资 16 亿元人民币，成立合资企业济南华沃卡车公司。而在此之前，连续 4 年，在中国卡车和牵引车的进口市场上，沃尔沃都位居第一。

2006 年 4 月，在股东大会上，雷夫表示，将通过沃尔沃控股的日产柴油机汽车公司，加强与中国在中型卡车领域的合作，强调"如果日产汽车集团加强与中国政府的合作，沃尔沃在中国的国际竞争力将大大增强"。

对于刚刚完成的投资控股山东临工一事，雷夫认为："这是沃尔沃在中国及亚洲发展战略中又一重要步骤。我确信此项合作将为双方带来利益。"据悉，这也是继沃尔沃集团与中国重汽共同成立合资企业以后，在中国推出的又一大投资手笔。

"东欧市场现在很有潜力，但将来会逐渐饱和。与东欧相比，中国市场更大。我们的重型卡车销量正迅速增加，成为欧洲卡车向中国出口的领头羊。我们还会在中国合资生产卡车，这将是我们最为盈利的项目。我们必须抓住在中国的商机。"提到中国，雷夫显得很兴奋，"我喜欢到中国去，体会那种发展的速度。记得我第一次访问中国还是 1978 年，那时我只是一名工程师。走在北京街头，满眼都是自行车和中山装。此后，我多次访华，感受到中国的巨大变化。在北京街头，汽车不断增加，自行车不断减少，人们的衣着打扮丰富多彩，教育水平不断提高，大量中国人到海外留学，年轻一代的变化更加显著。中国人的生活方式发生了天翻地覆的变化，真是难以置信。"

多才多艺的"职业总裁"

雷夫有3个女儿，2个儿子。妻子叶娃是学校老师，业余时间则在瑞典著名的拍卖行布克维什从事拍卖师的工作。到了夏天，一大家子人就会相聚在哥德堡附近的一个海岛上。那里有他们家族的一栋大别墅，附近码头上停着雷夫的游艇和摩托艇。当然，它们的马达都是沃尔沃的产品。"我总是用我们自己的产品，因为它们是最好的。"据说在1997年雷夫将全部家当搬回哥德堡时，他喜欢的那辆美洲豹轿车，就被"冷落"在车库里。因为作为沃尔沃的总裁，他更倾向于坐着沃尔沃生产的汽车去上班。

作为一名优秀工程师的儿子，雷夫从小就喜欢摆弄各类机器。"除航海外，我还喜欢做手工，常摆弄船和汽车的发动机。"雷夫跟人说起自己的爱好和特长时，总喜欢骄傲地摆动着他的那双大手，"别忘了，我是查尔姆斯理工大学毕业的一名工程师。15年前，我被选入瑞典皇家工程学院，在当时是最年轻的院士之一。"事实上，雷夫的那双大手，除摆弄机器外，还擅长弹吉他。雷夫如此多才多艺,让很多人都出乎意料。

当然，人们也更期待着雷夫能够在商场上，创造出一个又一个的出人意料，毕竟，他是一位从28岁起就当上"职业总裁"的企业家。

（文/刘仲华 周放）

思文凯:"危机本身就是资产"

2006年10月17日,瑞典首都斯德哥尔摩,"纪念手机诞生50年"展览剪彩揭幕,爱立信公司总裁思文凯和瑞典特利亚——索内拉电信公司总裁安德斯·布鲁斯主持了揭幕仪式。

看着由爱立信生产的、足有40公斤重的世界上第一部移动电话,握着只有半个手掌大的索爱手机,思文凯发表现场感言:"手机的发明改变了人类交流的方式,可以说,没有一项现代发明能像手机这样,对今天人类的生活具有如此深刻的影响。"

与思文凯面对面采访是在斯德哥尔摩附近的希思达工业园。1米85的个子,加上晒成古铜色的皮肤,思文凯有着典型的北欧人外貌。他声音低沉,脸上始终挂着淡淡的微笑,说话和走路都不急不缓,透着一种沉稳、踏实和刚毅。

变"工程师"为"商人"

思文凯总有许多出人意料的举动。

2005年年初，思文凯在爱立信新设了一个名为"完美运营副总裁"的职务，负责提高全公司范围内的组织运营效率。当年，爱立信的运营费用虽然只增加了5%，但销售额却增长了15%，利润率和按时交货率均达到公司有史以来的最高水平。2006年9月16日，思文凯宣布爱立信将进行全面重组，新构架将设立网络、全球服务与多媒体三大业务部门，于2007年1月1日起正式实施。

不过，他最让瑞典企业界震撼的决定还是，从2007年年初起，爱立信陆续录用500名30岁以下的年轻工程师，同时逐步把公司内1000名年龄在35岁至50岁的企业骨干"扫地出门"。

"企业不雇用年轻人是没有希望的！"对这一决定，思文凯这样解释，"当然，我们将按法律规定的双倍补偿款，支付给那些被辞退的员工。"

在2006年爱立信瑞典公司的2.1万名员工中，35岁至50岁的员工占53%，年龄低于30岁的员工仅占到6%。"我们需要那些和电脑一起成长起来的新人，那些能灵活玩耍手机的各种功能、能在黑暗中发短信的年轻人，他们的才智会将爱立信的产品提升到新层次。"这体现了思文凯对未来手机行业发展的认知："手机工业今后的发展方向将会是互联网和数据转换器，未来的一部手机将替代现在年轻人手中的数码音乐播放器、电脑和数码相机。"爱立信设置的一个全新部门——手机多媒体部，就是年轻人的天下。

思文凯在爱立信出人意料的表现，始于他初进爱立信。

爱立信成立于1876年，是瑞典最大的企业之一，也是瑞典高科技企业的象征。但是，多年来也不断有人批评爱立信内部的"工程师文化"

过浓，总是以营销和成本控制为代价去追求技术的领先。一位前董事曾直言不讳地指出，爱立信在营销技巧方面很欠缺。

思文凯上任伊始，就对自己的任务再清楚不过，"我在沉痛的经验中总结了一点：对于像爱立信这样一个走过风雨艰难的公司来说，没有比盈利更重要的了。只有利润才能给我们决定自己命运的力量。"他喊出了"爱立信要挣钱"的口号。这种从根本上对爱立信文化的改变，成了他刻在爱立信的最深烙印。

思文凯的个性和管理风格成为其改革的润滑剂。他谦虚而不乏自信，善于与员工和经理沟通交流。为了方便下属反映情况，他办公室的门总是敞开着。他给予部门经理们充分的自由度，并激励他们制定切实可行而又尽可能高的目标。他强调做领导首先应该具有清晰明了的领导风格，向你的部下讲清楚你要什么，而不是模棱两可。

对企业250名高级管理人员，思文凯要求他们必须进行再培训，重建企业文化，"爱立信不能还像以前那样靠卖设备生存了"，不要再做一个"工程师"将产品卖给另外一个"工程师"，要从一家对技术有着狂热追求的公司蜕变成为一家利益至上的商业公司；要学会成为一名挑战者，抛弃过去对于新技术的盲目乐观与偏执的"工程师文化"，转而代之以"商人"的务实。

凭借着一系列"大换血"措施的推出，思文凯为已经老迈的爱立信进行了全面的"体检"，并给出了相应的"配方"，让爱立信的"体格"变得更加健壮。为此，思文凯被瑞典管理杂志《老板》评为"超级老板"。

"危机本身就是资产"

思文凯在爱立信的年薪是1680万瑞典克朗,年底如果公司业绩不错,还可以再拿年薪额的80%作为奖金。能够被爱立信以如此优厚的待遇网罗旗下,是因为思文凯拥有几乎完美无瑕的履历:出生于瑞典,在乌普萨拉大学取得经济学学士学位后,又在林雪坪工学院取得社会科学硕士学位;先后效力于瑞典的ABB集团以及安全锁器产品公司。

在欧洲商业圈,思文凯是少数的"在瑞典出生,接受瑞典文化教育,最后为瑞典企业服务"的纯血统瑞典公民。就像几乎所有的"瑞典造"商品,与在瑞典销售的同类商品相比,价格总是最高一样,思文凯——这个纯正的"瑞典造"总裁,得到了高傲而保守的瑞典人的青睐。

当2003年思文凯接手爱立信的时候,公司披露的税前亏损高达89.68亿美元,股价也从2000年3月每股230瑞典克朗的最高位,下跌到不足4瑞典克朗的水平。但是,当爱立信希望通过配股融资来缓解财务困境时,大多数瑞典人仍表现出积极的爱国热情,纷纷为这家代表着"瑞典骄傲"的公司慷慨解囊——爱立信获得了30亿美元的融资。

根据2002年年底瑞典财经报纸《每日工业》的统计,思文凯当年是瑞典第四大富豪,身家6.7亿瑞典克朗,这在实行"均贫富"和高税收政策的瑞典，可以算是"财大气粗"了。

在"财大气粗"的背后，是他在企业经营管理上的辉煌业绩。思文凯的成功是有经验基础的。1986年，思文凯加盟安全锁器产品公司，成功地将公司报警器部门扭亏为盈。随后思文凯领导这家公司成为全球领先的安全锁制造商，甚至美国白宫也用该公司的安全锁。思文凯由此被称为"斯德哥尔摩锁匠"。

1994年，安全锁器产品公司和芬兰的一家公司合并成立亚萨合莱公司，思文凯续任新公司总裁。他通过45次并购，使该公司成为全球锁业巨头，集团股价增长了14倍。思文凯由此声名鹊起，资本市场对他的能力十分惊讶，赞誉其为"欧洲商业复兴"的代表。

思文凯刚到亚萨合莱时，从银行贷款买了大量该公司股票。从那以后这些股票增值了20倍。到爱立信后，他又自掏腰包买了1000万美元的爱立信股票。当他受聘于爱立信的消息传出后，当天爱立信股价就上升了14%。而此前因为爱立信亏损严重、股票低迷，瑞典一家报纸在头版刊登了思文凯的前任柯德川的大幅照片，并配以"悬赏通缉"的标题；柯德川本人甚至收到了一封夹着子弹的信件。

作为爱立信百年史上唯一的一位"门外汉"总裁，思文凯明白，"每个公司都会经历危机，危机本身就是你最大的资产。这个时候，人人都变得虚心、谦卑和听话。所有人都期望采取措施加大力度推进改革"。思文凯抓住了这个机会，并显示了自己硬汉的一面，"如果你需要做点狠的事，那就狠一点"，"我们只剩一颗子弹了，必须打准"。

叫板瑞典政府

1956年，世界上第一台移动电话在斯德哥尔摩进行试通话的时候，思文凯才刚满4岁，住在瑞典北方北极圈以北70公里拉普兰省的一个小村子里。时至今日，这个"偏远农村"的小孩子，已成为在瑞典媒体中出现率最高的企业家。《瑞典晚报》的民意测验也显示，思文凯还是瑞典中年妇女首选的梦中情人！

在瑞典，财富意味着别墅、豪华游艇和国外度假。思文凯的豪宅位于斯德哥尔摩北郊一个名为西格图纳的古镇。那里原是18世纪的一个庄园，典型的欧式建筑，宽敞舒适，面向一片美丽的海湾。拥有"天鹅——68"型豪华游艇的思文凯，对航海也情有独钟。

在学生时代打羽毛球和冰球的思文凯，现在和多数瑞典人一样，是典型的冰球迷，并在一个名叫"动物园"的冰球队里担任理事会成员。他说："作为爱立信总裁，我的业余时间越来越少了。因此，我现在要更多地抽出时间与我的家人在一起。"

思文凯的妻子安涅塔是他在童子军里认识的，一直相伴至今。这在离婚率极高的瑞典是很罕见的。而安涅塔拥有博士学位却在家相夫教子，不工作，这在女权运动高涨的北欧更是不同寻常。

同传统的瑞典企业家相比，思文凯不是一个人们习惯看到的"低调的瑞典人"，他具有敢想敢说的风格。

在一次媒体见面会上，当谈及爱立信在瑞典的发展时，思文凯批评了瑞典的经济环境,以及当时的社民党政府经济税收政策,最后直言不讳地提出"瑞典该是换政府的时候了"。他的这番言论在当时的瑞典政界立即引起震动。

"平均两个月来一次中国"

2003年6月12日,思文凯刚出任爱立信总裁,就飞到了北京。虽然访问时间短暂,但这短短的36个小时里,他拜会了政府领导人、走访了客户、会见了媒体。他感到时间不够用,随后的一年半内,他又先后7次到访中国。

思文凯当时经常说,中国是爱立信的全球第二大市场一个新上任的总裁,没有理由不来。"我平均两个月就到访一次中国,因为我要看看爱立信为自己的客户都做了些什么,并且还需要做些什么。"

爱立信在中国电信市场一直保持着约35%的市场份额。2005年9月7日,思文凯携其高层管理团队来到上海,参加"爱立信战略与技术峰会",向外界透露了爱立信对中国市场的3G战略部署,并表示爱立信今后5年内将向中国投资10亿美元。思文凯就是凭借3G业务在欧洲市场为爱立信"翻盘"的。

和很多通信厂商一样,思文凯在中国需要面对的问题,不仅是如何取得更大的份额,还在于怎样应对像中兴、华为这些中国本土电信设备制造商的挑战。"中国本土企业发展得非常好,这跟中国的大环境肯定是分不开的。"

对于价格竞争，思文凯认为爱立信在价格上拥有和中国企业同样的优势，"作为行业里的新公司，它们开始可能是采取低价策略，这也是很正常的。如果我们是新来者，也会这样。爱立信在中国市场有本地采购，也有本地生产，所以和本土公司没有什么很大的不同。"

思文凯1995年第一次到访中国时，在北京一个街心广场上看见了42个大吊车，这给他留下了很深的印象。如今，他自己正成为一部"大吊车"，把爱立信从低谷"吊"起，在风云变幻的国际电信市场上"闯荡江湖"。

（文／刘仲华　凯梅）

服部悦雄：最不像日本人的丰田高管

"说不定我这几年就离开丰田了。"在2006年10月中旬的一次新闻发布会上，日本丰田公司中国事务所总代表服部悦雄无意间说的这句话，引得四座震惊。

"服部要退休了吗？太可惜了，他是我最喜欢的外资汽车企业代表。""听说他早都退休了，现在是返聘，找不到接班人"……不仅新闻记者对这一突发"新闻"半信半疑，就连丰田中国事务所的工作人员也有些摸不着头脑："服部先生真的要走吗？我们都不知道，之前从来没有提过。"直到新闻发布会结束，大家还议论纷纷。

服部究竟有何魅力，引起了这么多人的关注？

2006年11月16日，一个秋高气爽的早晨，记者走进了位于北京京广中心的丰田公司中国总部，服部的办公室位于38层。

穿过一个很特别的前台——摆放有世界知名体育明星签名的篮球和球衣，进入一个可容纳四五十人的办公大厅。办公桌一张挨一张紧密地排放着，员工都各就其位，忙得不亦乐乎，没人注意到记者的存在。

走过一扇厚厚的隔音墙大门，周围突然安静下来，与外面形成了强烈反差。一间独立的办公室里，坐着一位戴着老花镜，翻着报纸的老人，他就是服部悦雄。

见证外资汽车进入中国 30 年

"您公司的规模很大呀，占了 4 层楼。"记者进到京广中心，第一眼看到的就是，在企业一览表上位置显著的 25 层、26 层、36 层、38 层，都被"丰田"的大名所占据。

"不行，丰田在中国还只是小小的存在。"听到记者的夸奖，服部撇起了嘴："丰田现在根本不行，根本不行！"服部说得斩钉截铁。"服部先生对我们要求很严，他总是看不到我们取得的成绩。"旁边的工作人员解释道。

服部并不理会，继续着他的开场白："有些人说，你们日本汽车企业对中国市场不积极呀，总是不想合资合作，不像德国、美国。但其实恰恰相反，我们特别想合作呀，但是我们来晚了。用中国话说，是起了个大早，赶了个晚集。"

可以这样说，服部见证了日本汽车甚至是外资汽车进驻中国 30 多年的历史全过程。当年和他"同场竞技"的汽车界老前辈们，如今早已退休，唯有 63 岁的服部（2006 年），仍"战斗"在第一线。

谈起丰田与中国的合作，服部且喜且悲。

父母都是日本人的服部出生在中国。1970 年，在东北林业大学土木工程系毕业后,他回到日本,进入丰田公司工作。

服部回忆说:"1971年,我进入丰田不久,丰田就通过日本政府向中国发出了邀请——请中国汽车代表团到丰田考察。但因为中日两国当时还没有建交,我们只能等待。"

第二年,正在丰田澳亚部第三科工作的服部,接到中国汽车代表团即将访问日本的消息。"我记得太清楚了,1972年9月,上级突然通知我做好一切准备,迎接中国汽车代表团。长春、北京、南京和济南等地的代表全来了,共12人,由中国汽车工业总局局长胡亮先生带团。"

对于那次访问,服部印象很深,因为当时正好赶上中日建交。"我陪同代表团成员通过丰田的卫星电视,一起收看了中日建交仪式。大家长时间地鼓掌,兴奋地拥抱在一起。"

当时,年轻的服部并不知道,为什么突然间中国代表团就来了。直到1986年,"我在参观中国历史博物馆'周恩来纪念展'时,突然看见一份历史文献。原来,当年我陪同的中国代表团是经过周恩来总理亲自批示的,他们才到了日本"。

谈起那段历史,服部感到很骄傲。然而他万万没有想到,好的开始并不代表着成功的一半。从20多岁就开始和中国汽车打交道的服部,到了50岁,才等到他想要的合作机会。30年间,对服部而言,是一段颇为艰辛的历程。

丰田来得最早却"迟到"了

中国汽车行业代表团的第一次访日,让服部看到中国市场的潜力。

那段时间,丰田一直千方百计地想与中国合作。"1978年,我们先找到北京汽车工业公司,想和他们合作生产轿车;后来,又找到了上海汽车集团;接着又去了航天工业部;直到20世纪80年代,我们都还在和广州汽车第一制备厂接触,并已经开始合资生产了约1.7万辆小卡车,但中途突然又被叫停。"

三番五次地谈判,都没有成功,"丰田的运气不太好"。

1991年,服部被任命为丰田中国事务所总代表,开始常驻中国,主抓中国市场。服部进入中国的第一张王牌,就是想通过在沈阳成立的"丰田金杯技工培训中心"作为一个好的起点,来和"金杯"汽车公司谈下一步的合作。"我从1987年就在准备和'金杯'合作了,借着技工学校的成立,我们信心满怀,双方的领导人也见了无数次面。"

然而,就在服部心中的一块石头即将落地时,合作又发生了变化,让服部多年的心血付诸东流。"那段日子,我这个总代表都没脸在街上走路了,在北京的马路上看不到我们丰田的车,这是我们的耻辱。"

1996年,服部特意安排丰田公司奥田社长与通用副总裁共进早餐,"就是想通过这次会面,让美国人刺激一下丰田,让丰田公司意识到在中国市场的危机。"

但是,事与愿违。1997年6月,上海通用成立,通用公司在中国投资大踏步前进;而丰田,依然停留在技术输出的阶段。就在此时,服部却接到了一纸调令——离开中国负责东南亚事务,任丰田亚洲部主查(部长级)。

这么多年所做的努力就这样白白浪费?服部心有不甘。

2002年,他终于如愿,再次出任丰田中国事务所总代表,并取得了成就。2002年8月29日,在中日建交30周年之际,一汽与丰田签署了全面合作协议。而在这个过程中,服部起到了穿针引线的重要作用,甚至促成了当时国内汽车界的最大重组——"天一重组"。"我们最初只和天津汽车合作,但天汽遇到困难。我找到一汽的老朋友,终于说服他们收购了天汽。这是我这辈子在丰田,最值得回味的经历。"

帮助"敌人"不是引狼入室

转眼间,已和服部聊了两个多小时,可他似乎意犹未尽:"走吧,我请你去喝酒,接着聊。"

"您中午也喝酒?"记者很惊讶。"中午?我每天都喝酒,除了检查身体不喝。不对,检查身体我也能喝点啤酒。"服部朗声答道。

对于服部的海量,记者早有耳闻。果然,在楼下的自助餐厅,服部只盛了一点点食物,拿起旁边早已备好的啤酒,大口地喝了起来,我们的话题也随之变得轻松了。

"您还戴着我们竞争对手的帽子。"服部注意到记者戴着的印有广州本田标志的帽子。"对,您是不是觉得别扭。"记者半开玩笑道。

"呵呵,没关系,很好呀,我感到很亲切。"说起广州本田这个竞争对手,勾起了服部的回忆。

前本田中国事务所所长门胁轰二,是服部多年的好朋友。服部一进丰田,他们就相识了。然而,两人却都没有想到,他们先后来到中国发展,最终却成了竞争对手。

"广州本田准备生产新的'飞度'轿车,需要在中国试模具。他们已经联系好的模具试验场,突然在紧要关头倒闭了,一时间很难找到合适的场地。如果延期,必将耽误飞度的投产。"紧要关头,门胁轰二找上门来,请求服部帮他一把,将丰田在四川的试验场借给他,以解燃眉之急。而恰巧,丰田在四川的负责人正在北京出差。服部决定"引狼入室":"我很爽快地答应了。虽然是对手,但这么多年的朋友遇到了困难,也应该帮助。但是很多人没有想到……"

话刚出口,服部笑了,不再说下去。因为连他也没有料到,之后在广州,他们之间的旗舰车型展开了"生死较量"。

2006年5月,丰田在广州生产的旗舰车型凯美瑞公布了售价——从19.78万元到26.98万元,横跨中高档车的价格区间,让所有对手都毛骨悚然。而最受冲击的,便是门胁轰二执掌的广州本田车型雅阁。同样定位中级车市场,又在同一城市生产,这场较量被媒体大肆渲染。

服部坐不住了,必须站出来解释。他回忆说:"我当时反复强调一点,就是中国市场这么大,其实大家都是共赢的关系。我们的销售不会影响他们,就像在美国,市场那么大,我们的凯美瑞卖40万辆,他们的雅阁也卖40万辆。中国有1200万辆的市场,我们最多才6万辆,占一点点,没必要那么神经质,只要大家努力就会共赢。"

好酒量、为人义气、豪爽的服部这样劝解对手。他说并不像外界所炒作的那样,门胁轰二还是他的好友,他们还经常一起吃饭、打球。"他现在已经退休了,我还请他吃过饭。现在的老总和我也很熟。大家都是同行,其实在国外,丰田的供应商也供应本田,这样可以降低成本。

现在全世界都要合作、整合,你孤立起来无法做事。我们希望对手强大,这样我们才能强大,因为有竞争。"服部自信地说。

"战略这个词太玄乎了"

"听说您一直在物色接班人?""我们公司的员工效率确实不高。我非常的不满意,大大的不满意!"服部对员工的严厉再次体现,"如果你们有合适的人选,随时给我推荐。我现在觉得中国人才更了解中国市场。"

在丰田踏踏实实、稳中求进的企业精神引导下,服部说,他更需要有一个敢于大胆预测市场、大胆设立销售目标的接班人。"我们下面的老总,具体名字就不说了,推新车型,销售目标就定一点点。能卖到十他说七,太保守了。只有敢想才能敢干。我经常给总部和销售部的老总加压。没办法,企业一庞大,想加速非常困难,多多少少都有大企业病……"

而说起预测市场,服部骄傲地笑了:"敢像我这样预测市场的人,国外和国内都没有看到,我是第一个。"

不知是不是来了酒兴,服部在记者面前,说话毫无顾忌。

记者:对于未来这么大的市场,丰田有没有所谓的战略?

服部:没有战略,战略这个词太玄乎了。现在竞争这么激烈,说实话大家都是走一步看一步,搞得好了就被说成这个企业发展眼光独到,有战略眼光,其实都是虚的。

"人生已经快画句号了"

服部精通4国语言，喜欢大口喝酒，爱打高尔夫，大家对他的评价是——"一个最不像日本人的日本人"。

服部说："我尽量少在单位出现，他们（下属）也不喜欢看到我，看到我就感到压力。我喜欢打高尔夫，工作了30年，打了30年。要不然就以出差的名义，到处游玩。现在基本不管他们了，实行间接控制，大的方向上、政策上指点一下，具体都由他们来操作。我年轻的时候非常努力，但是现在人生已经快画句号了。在现代文明的社会，应该把舞台留给年轻人。"

现在，服部过着潇洒的小资生活：5点起床，蒸桑拿，上班，下午健身，晚上喝酒……"其实我早该退休了，丰田延长了我的任期。这几年我培养和物色接班人，不久就完全退出。到时候回日本养老，还必须到处跑跑，没有事情做的话容易变成痴呆。当然，中国是我的第二故乡，肯定经常来。"

回想自己的人生，服部说他还有许多没有实现的梦想和遗憾：

"我年轻的时候渴望做个政治领袖，想当首相。"

"一辈子没开过跑车。学生时代，我开过解放牌翻斗车和东方红推土机，此后就几乎全开丰田轿车。现在连车也没得开了，开车不能喝酒，喝酒就不能开车，我只有坐车的份儿。"

"这辈子最痛苦的就是节食。可能因为喝酒长肉，我工作了30年，减肥了30年，没有效果，很痛苦。你可能不信，有时候我去东北一个晚上，就能增加四五公斤体重。从小就好吃的我，现在要限制吃喝；不愿意运动，却要每天在机器上跑……"

记者问他："听说您曾是很多美女的偶像？"服部赶紧回答："哪里，没有。我这个人有时候太严肃了，所以没有人接近。年轻的时候和漂亮女士打交道比较多，现在年龄大了，没有了。我还是坚持低调做人。"

这种特殊的"聊天式"采访，进行了4个小时。

对中国汽车市场，服部仍有很大的"野心"。他只能将希望寄托在找到下一个更有雄心的"服部"，来实现他没有完成的梦想，实现丰田在20世纪80年代就喊响中国的口号——"有路必有丰田车"。

（文／刘畅）

稻盛和夫："毫无私心"成就经营神话

被誉为"经营之神"的稻盛和夫似乎有点石成金的本事。他一手创办了京瓷和 KDDI 两家世界 500 强公司；在 78 岁的时候，应邀出山挽救破产重建的日本航空，仅用 1 年时间就使其扭亏为盈，并创下日航历史上的最高利润。

稻盛和夫从来不隐瞒自己的成功秘诀，也没有难懂的商业理论。他说，要成就事业，根源在于每天默默无闻地努力工作。商海沉浮数十年，稳定、持续的成功依靠什么？稻盛和夫的答案是道德。"我的才能或许有限，但我一直追求正确做人的准则。我把这一条当作人生规范铭记在心，毕生坚守不渝。"

按下血印的创业誓词

年轻时的稻盛和夫一点也没有展现出会成为商业奇才的迹象，相反，他的希望屡屡落空，干什么都不顺利。

他先是在初中升学考试中失败，接着染上了肺结核，小小年纪就要经历濒临死亡的恐惧。病愈后，稻盛和夫遭遇高考失利——他没有考上第一志愿，只上了一所地方大学。虽然大学期间稻盛和夫成绩优异，但恰逢经济大萧条，毕业即失业。稻盛和夫觉得自己似乎被命运捉弄了，一度想过索性加入黑社会，甚至还真的实地考察过。

最终，在一位大学教授的帮助下，稻盛和夫进入京都一家绝缘瓷瓶工厂工作。然而，这家企业却面临着倒闭的危机，管理层内斗不断，工资迟发是常事。朋友调侃稻盛和夫说："在那样的公司，连媳妇都娶不着哦！"

半年后，同期进厂的大学生相继跳槽，稻盛和夫不得不孤军奋战，他的人生却因此迎来了转机。当时，稻盛和夫把被褥、锅、炭炉都搬进了研究室，从早到晚埋头研究实验，结果获得了骄人的实验成果——在日本他首次成功合成了镁橄榄石。

1959年，27岁的稻盛和夫带领8名同事一起辞职，创办自己的企业，也就是后来誉满天下的京瓷。这些同事都是20岁出头、血气方刚的年轻人。他们发誓，就算公司运行不顺，大家面临失业，也要支持稻盛和夫进行技术开发。稻盛和夫也发誓，如果真有那一天，他会立刻递交辞呈。后来这些年轻人写了一份誓词："我们团结一致，成就一番利国利民的事业，在此以血印为证。"稻盛和夫带头签字，割破手指按了血印。

不久，京瓷正式成立。在庆祝会上，稻盛和夫说："虽然现在我们只能租仓库进行创业，但将来我们一定会成为原町第一，成了原町第一，我们就会瞄准西京第一；接下来是京都第一，日本第一；成了日本第一，我们定要做世界第一。"

年轻时看似痴人说梦的誓言，如今早已实现。作为世界500强企业，京瓷已成为世界高端陶瓷科技的领导者，创造了几十年从未亏损的奇迹。

独特的"阿米巴"模式

1964年，京瓷的员工规模扩大到了150人。尽管公司运行良好，但稻盛和夫心中逐渐有了一丝担忧。"京瓷是依靠着满腔热情迅速成长起来的，但是会不会很快失去开拓者的热忱，沦为一家毫无斗志的公司呢？"如何在壮大企业的同时避免大企业病，这是稻盛和夫必须解决的问题。

稻盛和夫举过一个例子，10人至20人组成的大家庭，往往会产生强大的一体感。比如负责营销的人飞奔回来说："接到了订单！"这种喜悦的情绪会传染给每个人。深夜加班，有人买了乌冬面，一句"吃面喽"！整个工厂会沸腾起来。如果带着家人般的情怀来经营公司，员工会变得很幸福。由此，稻盛和夫思考出了一种管理模式，"只要回到创业之初的状态就行了，让大家再次成为经营者"。

他将整个公司按照工序、产品类别分成若干个小组，下放权力，让它们像小公司一样经营，并采取独立核算的方式来管理。这些小集团会随着环境变化而自我更新。稻盛和夫将这种组织称为"阿米巴"（一种单细胞生物）。员工要明确自己所属"阿米巴"的目标，并为实现这一目标各尽其职。

当然，这种管理模式并非没有弊端，由于实行彻底的独立核算管理，各"阿米巴"会拼命提高自身收益，难免滋生自私自利的现象。因此，稻盛和夫在公司倡导"利他主义",员工获得突出业绩也不提供奖金,只会得到名誉和荣耀。

这种管理模式似乎过于理想主义,但稻盛和夫用现实证明了它的实用性。如今的京瓷仅日本国内的员工就超过1.3万名,"阿米巴"的数目也超过3000个。

在实践"阿米巴"模式的同时,为了使员工同心协力,稻盛和夫经常举办联谊会,和员工一起推杯换盏,常常喝到天亮。无论在公司总部还是工厂,稻盛和夫还特意保留了一个专门用来开联谊会的房间。在联谊会上,大家畅谈自己工作中的烦恼、岗位上的困难,稻盛和夫认为这是加强"阿米巴"凝聚力的重要手段。

除此之外,稻盛和夫为了善待员工还做了不少努力。由于日本地价昂贵,稻盛和夫专门买了一块地用作员工墓地,所有员工去世后都可以免费葬在这里。

1973年,受石油危机影响,京瓷订单减少到原来的1/10,但稻盛和夫坚持不裁员。他说:"如果用员工时就把他们找来,当他们没有利用价值时就将其赶到街上,这是我们该做的事吗?"渡过危机后,稻盛和夫反而给员工加了薪。不久,京瓷公司成为日本股价最高的企业。稻盛和夫说:"我想这是我们与员工齐心协力、共同克服萧条的结果。"

78岁又出山力挽狂澜

20世纪80年代,日本政府决定实行通信自由化,允许新企业加入通信领域。然而日本企业都无法轻易进入市场，因为要与垄断通信事业的巨头NTT一决胜负，风险太大。

"既然如此，就让我来试试吧！"尽管通信是一个完全陌生的领域，京瓷新通信与NTT竞争可谓蚂蚁与巨象之战，但稻盛和夫挺身而出。他认为，一味袖手旁观，竞争无法展开，国民降低通信费用的要求就无从实现。这种情况下，明知自己是堂·吉诃德，稻盛和夫也决定试试身手。

加入战局前，他问自己：在我的参与动机里有没有夹杂私心。每晚临睡前，哪怕是喝了酒，稻盛和夫都要自问自答："你参与通信事业，真的是为了国民利益吗？没有夹杂为公司、为个人的私心吗？你的动机真的纯粹吗？没有一丝杂念吗？"

在反复确认自己"动机至善、私心了无"后，他开始着手设立DDI公司，也就是后来的KDDI。1984年6月，DDI还有其他两家公司加入了通信竞争。舆论认为，三家企业中DDI的条件最差，因为他们缺乏通信事业的经验和技术，销售代理店的网络建设也得从零开始。

然而，DDI很快脱颖而出。究其原因，稻盛和夫认为是他的企业一直贯彻"为国民尽力、毫无私心"的信念。他经常激励员工说："为了国民，我们一定要把长途话费降下去。""人生只有一次，我们一定要把它变得更有意义。"正是这种单纯的志向和目标激励了员工，也感染了代理商和客户。

在DDI创建不久，员工就获得了按面额认购股权的机会。稻盛和夫希望股票上市后的资本收益可以回报员工的努力，但他自己却一股也没有。因为他认为，哪怕持有一股，都无法证明自己毫无私心。

类似力挽狂澜的故事，在稻盛和夫78岁时又上演一回。2010年，日本航空公司陷入困境，申请破产。这一消息轰动了全世界，因为日本航空公司不仅是日本最大的航空公司，也是世界第三大航空公司。

日本政府不愿意看到日本航空公司就此破产，决定请一位优秀的企业家来拯救这家公司。时任日本首相鸠山由纪夫想到了稻盛和夫。此时的稻盛和夫早已退居二线，在京都的寺院里静修。接到邀请后，他立即重归经营一线。

在稻盛和夫的领导下，日本航空公司实施了一系列的"重建计划"，第二年就扭亏为盈。2012年9月，日本航空公司在破产2年零7个月之后，宣布重新上市。

日本航空公司为什么能获得新生？答案还是"毫无私心"。稻盛和夫没有领取日本航空公司的一分钱工资，正是这种奉献精神鼓舞了员工士气。高超的经营手腕和私心了无的人格魅力，共同造就了这场凤凰涅槃的传奇。

（文／刘心印）

斯隆:"优秀到没朋友"

2019年《财富》世界500强名单,通用汽车位列其中,续写着老牌车企的荣光。回顾通用汽车的历史,小艾尔弗雷德·斯隆是绕不开的关键人物。

在管理者的世界里,斯隆是神一样的存在。他是20世纪最伟大的CEO之一,通用汽车公司的第八任总裁,事业部制组织结构的首创人。在任职通用的23年里,他创立了一整套大公司管理制度,并且用这套现代管理方式,把通用汽车从濒临破产发展到世界最强。

在斯隆的领导下,通用公司从一个烂摊子逐步变成一个组织严谨、井井有条的巨人,一个职业经理人时代也就此开始了。从某种意义上说,斯隆是世界上第一位成功的职业经理人。

适度分权,挽救烂摊子

1908年,美国汽车业发生了两件大事:一件是亨利·福特发明了

T型车，一件是威廉·杜兰特成立了通用汽车公司。两件事都和斯隆的人生息息相关——前者让福特称霸市场，成为斯隆厮杀半生的商业对手；后者让斯隆有了效力半生、书写商业传奇的舞台。

从通用创始人杜兰特身上，斯隆收获了很多经验和教训。杜兰特很传奇，他能在"风口"直上云霄，在两年内吸纳25家公司，也因急剧扩张使企业深陷泥潭。他补救过，通过创建雪佛兰大获成功，打了场翻身仗，但扩张问题又差点毁了它。1920年，当杜兰特被迫离开通用时，留下的是个濒临破产的烂摊子。

作为高管，斯隆跟随杜兰特打拼过4年，他明白杜兰特怎么壮大了企业，又给通用带来了哪些弊病，所以在1923年，当他成为通用总裁后，马上就着力解决问题。

成立初期，通用就已经是拥有13家汽车公司和10个零部件厂商的大企业，持续的扩张让组织结构问题成为隐患。不过斯隆说：我不认为规模是一个障碍，对我来说，这只是一个管理问题。

此前，杜兰特是一个极端的分权主义者，对通用旗下别克、凯迪拉克、雪佛兰等分公司听之任之，没有丝毫组织规划。最后，旗下品牌纷纷建厂、扩张，导致投入太高、回报太少，生生把通用拖垮。

斯隆的办法是适度分权。他一上台，就实行了"事业部制"，把通用汽车按产品划分为21个事业部，分属4个副总经理领导。这种组织结构的核心是"集中决策，分散经营"。

此后，通用管理层的核心工作就是制定、设计好产品政策，并将政策清晰、详尽地传达下去，对机械设计等细节则不发表意见，留给事业部去做，双方各司其职，互不干扰。通过这些探索，通用的适度分权经营变得愈发成熟。

斯隆认为，组织和财务是通用的两块基石，财务是把控全局的关键手段。针对杜兰特时期的弊病，他严把财务审批关，与各事业部展开了一场"抢钱大作战"。

杜兰特时期的分公司各自控制现金，所有收益都存在自己的账户里。作为运营主体，分公司总是想方设法留最多的资金，即便他们的钱多得花不完，也不愿意上交总部。

这是一场猫鼠游戏。别克是当时通用盈利最好的现金源，但是财务主管迈耶·普兰提斯永远不知道每次能从别克要走多少钱。因为财务报告总是滞后，当总部知道别克有多少钱时，往往是几个月后了。

1922年，斯隆决定向"老鼠们"发起总攻。他设立了统一的现金控制系统，这在当时是个新概念。斯隆以通用汽车的名义，在大约100家银行里设立了储蓄账户，所有收益必须存入账户，所有提款必须接受总部财务管理，各事业部无法控制账户之间的现金转移。最后，这场抢钱大战让总部牢牢控制了财权。

击败老对手福特

斯隆执掌通用时，福特已在汽车业纵横10多年，是当之无愧的业界老大。那时把通用旗下别克、凯迪拉克等车型一年的产量加起来，也不及福特的1/3。

斯隆研究了很久，觉得全产品线是通用的一个优势。杜兰特留下了 7 条产品线：雪佛兰、奥克兰德、奥尔兹、布斯、谢里丹、别克、凯迪拉克，当时没有哪个生产商有比通用更全的产品线。杜兰特致力于打造出一个完整的帝国，虽然步子太大，但声名打出来了，不应轻易放弃。

随后，斯隆整理了混乱的产品线，把互相竞争的、价格区间有覆盖的产品线区别开来，最后定下 6 个价位区间，把产品线打造成一个有机整体。

除了发挥各产品线协调运作的优势外，斯隆提出了一条非常之策：反福特而行之。福特的策略是"不变"，用永不落伍的 T 型车包打天下，通用则要走"万变"路线。当时，斯隆在汽车业首次提出了"年度车型"的概念。人们很茫然，不知道在四个轮胎一个车身几乎没有改变空间的产业，推出所谓"年度车型"有何价值。

1921 年，斯隆决定让雪佛兰的价格从 825 美元降到 525 美元，大幅度降价对福特的部分客户很快产生了吸引力。

随后，研发工程师们快马加鞭，设计出一款被称为"年度车型"的 K 型车。它有新的外观特征，车身更加修长，采用通用独家研发的迪科漆，还第一次使用了全封闭车身、大灯和电子打火装置，改进了离合器，用性能更好的机架取代了问题百出的旧机架。

1925 年，福特的市场份额由 54% 降到 45%，雪佛兰与上年相比则提高了 64 个百分点，K 型车销量首次超过了福特 T 型车。

斯隆敏锐地捕捉到这个信号，开始发起 K 型车的全面营销方案。他说：我们的目标是在消费者中建立"雪佛兰的性价比高于福特"的名声。K 型车的内核就是让更多普通人，花更少的钱，享受更奢华、更时髦的配置。

通用的这种价值观击中了美国人的心,连当时的俚语都说:棒球、热狗、苹果派和雪佛兰,是美国文化的一面镜子。

此后,福特受到"三连击":1926 年,它关掉了最大的工厂;1927 年,福特让出了世界汽车销售第一的宝座;1929 年,福特在美国汽车的占有率降到 31%,后来更是一度降到百分之十几。

"经理人不会公开批评下属"

大多数同事觉得斯隆是个一板一眼、冷酷无情的人,用现在的话来说就是"优秀到没朋友"。这正是斯隆想为自己打造的职业形象。他坚信,首席执行官一定不能产生工作上的朋友。他认为美国历史上最值得称道的总统是亚伯拉罕·林肯和富兰克林·罗斯福,因为这两位在同事中都没有什么朋友。朋友不可靠,只能相信组织。

但并不是说斯隆是一个把组织凌驾于人的管理者。相反,他很重视个体,极为关心人、尊重人。比如,他的自传《我在通用汽车的岁月》在 1954 年就写完了,但他硬生生等了 10 年才出版。原因是他坚持,只要书中提到的员工仍然健在,就不能出版,"我在书中提及的一些事可能会被理解为批评,而一个经理人不会公开批评下属"。

80 多岁时,斯隆的健康状况变差,出版社还在苦苦等待。编辑跑去请求斯隆:"斯隆先生,你在冒险,你也许活不到这本书出版。"

其实,编辑早就拜访过书中提到的员工,他们不觉得受到批评,并乐见此书出版。斯隆毫不让步："如果我活不到那天，你们就等我死了再出版吧，人比出版计划更重要。"最后，这本书在他有生之年得以出版。

2008年，通用汽车迎来了百岁生日，但那时它已濒临破产。次年，通用宣布破产重组，直到2010年才重返华尔街，浴火重生。可以说，斯隆身后的通用汽车仍在不断迎接新的挑战。

斯隆对于未来早有预料。他说："我希望人们在描述通用汽车时，没有留下一种它是完美产品的印象。没有一个公司是一成不变的。改革可能带来好处，也可能带来坏处。"对于通用来说，每一代人都必须迎接自己的使命和挑战，创造性的工作永无止境。

（文/王晶晶）

马丁·里维斯："半数企业的战略是错的"

"我们不评价企业，因为我们是为它们服务的。"在写给《环球人物》记者的邮件里，波士顿咨询公司董事马丁·里维斯这样写道。但当他坐在记者对面，听到中国目前最具竞争力的企业名字时，还是忍不住侃侃而谈，"阿里巴巴"4个字说得尤其标准。

里维斯的北京之行带来了自己的新书《战略的本质》。这是他带领波士顿咨询公司（BCG）的智库团队研究了5年的成果。作为全球著名的企业管理咨询机构，BCG在战略管理领域被公认为先驱，曾创立了"波士顿矩阵""经验曲线"等影响世界的商业理论。在这家公司53年的历史中，里维斯参与了其中的27年，不仅成长为纽约办事处资深合伙人兼董事总经理，更成为企业战略领域的专家。说到对"战略"一词的理解，他化繁为简地概括为4个字：如何取胜。这正是中国企业最想获知的秘诀。

5种模式各有目标

BCG曾发起过一项研究：对全球150家代表性企业进行调查，了解其战略制定与执行情况；研究者分析了60年来不同行业的发展状况，了解商业环境在此期间发生了怎样的变化；团队还与部分CEO见面，围绕战略制定与执行的经验和教训，共进行了20多次深入访谈。

结果令人吃惊。不少国际级的企业领袖告诉里维斯，他们不是没有战略，而是难以根据外部环境变化选择正确的战略。比如，一种战略在实体行业有效，到了互联网领域就行不通了，或者对成熟企业有效，对初创公司就是灾难。尤其是规模庞大的综合型、集团型企业，只采取一种战略肯定不行。一名高管甚至告诉里维斯，"战略"这个词已经在他们公司被禁用了。管理者普遍面临一个难题：商业环境越来越复杂多变、难以把握，如何才能确定最有效的战略？

经过研究，BCG提出了一套解决方案——"战略调色板"，针对不同的商业环境，企业有相应的战略选择。里维斯对《环球人物》记者详细解释了这套理论归纳的5种基本模式：对于那些能够预测环境发展变化，但无法改变这种趋势的企业，目标是做大；无法预测也无法改变环境的企业，目标是求快；既能预测也能改变的，目标是抢先；不能预测但能改变的，目标是协调；只求生存下去的企业，战略行得通即可。

正如投资需要组合一样，企业战略也需要组合，并根据环境变化不断调整。"我们的研究表明，能将战略与商业环境相匹配的企业，其股东总回报率比其他企业高出4%—8%。不过有大约半数企业在一定程度上选择了不适合其所处环境的战略。"里维斯说。

在5种基本模式中，大多数企业领导人对第一种最熟悉，里维斯将其称为"经典型战略"。它适用于那些发展相对完善的行业——规模效益较高，领头公司变化不大，商业模式与核心技术单一，品牌强大，增长平稳。

最具代表性的领域就是家用消费品，宝洁、联合利华等巨头已经连续几十年占据领导地位，竞争相对稳定，产品回报率与30年前相比变化不大。在这样的环境下，企业可以比较准确地预测市场变化和发展前景，从而决定产品定位。

里维斯认为，"经典型战略"的成功关键是在市场中确定一个具有吸引力的定位。"企业应当避免对熟悉但没有吸引力的市场紧抓不放，或是对陌生但具有吸引力的市场置之不理。"在这方面，他认为华为是一个正面的例子。

"在市场相对稳定的通信领域，华为最初是在中国农村谋求市场主导地位，避免与大企业直接竞争。随着自身日益壮大，它逐渐打入更具竞争力的城市中心。直到足够强大后，才拓展到海外，开始时是在巴西、泰国等新兴市场，最后才进军英国、法国、加拿大等发达国家。在产品方面也是一样，华为最初是为国际大型电信公司提供服务，后来才进军消费品领域，为一些还没得到充分发展的市场提供手机。"里维斯认为,正是通过一系列谨慎的定位,华为的年收入保持了稳定增长，从而一步步做大。

"双创"领域必须抢占先机

20世纪90年代以前,大部分行业采用的是"经典型战略"。但随着技术发展和全球化的冲击,不少传统市场的准入门槛降低、产品更新换代频率提高,市场规则也日新月异。在既难预测又难改变的环境中,"求快"是一个不错的选择。在服装领域,近年来兴起的"快时尚"风潮,就是这种战略的直接体现。

"现在的流行趋势越来越难以把握,消费口味的变化速度非常快。时装零售商很难预测哪种颜色会大行其道,而且预测错误的后果很严重——每年至少要把一半的库存半价抛售。所以一些品牌不再预测消费者喜好,而是根据当季流行做出更快反应。"里维斯说,这些公司将工厂转移到更靠近终端消费市场的地方,产品从设计到进零售店的时间只需要3周,比行业平均供货时间缩短了5个月。

此外,"快时尚"品牌一开始只小批量生产多种风格的衣服,那些被迅速抢购的款式会被挑选出来批量生产。这些"试验品"能不断吸引消费者的兴趣,一旦某种款式开始流行,商家会充分挖掘其市场价值,直到流行趋势达到顶峰。此类公司的存货周转率相当高,比如西班牙品牌飒拉(ZARA),2010年其减价商品只占库存的15%—20%,远低于行业平均水平50%,但利润率却是行业平均水平的2倍。

与既难预测又难改变的市场相反,当下最火的"双创"领域属于既可预测又可改变的市场。现实已经多次证明,一家高科技公司就可以颠覆或创造某个行业。在这种情况下,该企业必须抢占先机。里维斯认为,采取"抢先战略"的企业"第一就是关注市场上未被满足的需求,或者用户有哪些不满意的地方",然后用新技术加以满足,而且最好成为行业内第一家为实现某个愿景而建立的公司。

2006年,安妮·沃西基与他人一起创立了基因检测公司"23与我"。里维斯认为这是"抢先战略"的一个经典范例。沃西基将当时最先进的生物技术、信息技术与电子商务相结合,通过客户唾液分析其个人基因。由于是行业先行者,产品最初上市时,每次检测费用高达999美元,消费者仍趋之若鹜。当竞争对手出现时,该公司则迅速把价格降到99美元,也因此持续巩固了自己的领导地位。

"没有包治百病的企业战略"

对于一些企业来说,市场环境虽然难以预测,但企业自身却拥有掌控和改变的力量,里维斯将其称为"塑造型",适用的战略是协调。

"阿里巴巴就是一家很典型的塑造型企业。它的发展战略就是协调模式,把几千家同一类型小企业整合到一起,形成一个生态系统。"里维斯说。要实现这种模式,需要几个重要的元素。"首先就是搭建一个平台,让各方实现合作;其次是建立一个利益架构,不仅对自己有吸引力,还要对生态系统里的所有人都有吸引力;再次就是让这个生态系统不断成长,不要一下子把空间全填满;最后就是这个平台必须足够大,最好是行业最大的。阿里巴巴所经营的业务天然就是垄断型的,所以它多年来不断扩大业务范围。对阿里巴巴来说，在行业里做第二、第三是没有意义的。"

此外，里维斯认为阿里巴巴的协调模式还有一个特殊之处，就是"自动调节"，平台上的小公司可以自动找到在市场上的位置，其决策不需要阿里巴巴进行指导。"消费者喜欢买什么，供应商会自动进行反馈，最后达到供需平衡。阿里巴巴把整个组织都变成了自动寻找市场的机制。"

与"塑造型"相比，"重塑型"是指那些已经陷入危机、只求生存的企业。这正是目前中国产能过剩行业的写照。在巨大的市场压力下，它们的策略只能是用上所有可行的办法，尽可能实现涅槃重生。里维斯举了美国运通公司的例子。

2008年国际金融危机爆发时，全球最大的信用卡发放企业、收费业务市值达9500亿美元的运通公司陷入了极大困境——信用卡拖欠率直线上升、消费力直线下降、集资市场干涸。公司CEO肯·切诺特迅速采取措施，大规模削减成本，重塑组织结构。他首先裁减了约10%的员工，并且暂时降低高层管理人员的薪水；随后降低营销支出以及专业服务费，但保留了客户服务预算；最后，为了寻找新的资金来源，公司开展了吸收存款业务，在短短几个月内筹集了超过80亿美元的资金。

正确的战略帮助运通度过了危机。到2009年年底，运通股价已从当年3月份的每股10美元回升到每股40美元。到2014年年底，公司股票比衰退时期的谷底飙升了800%。

虽然在战略领域研究多年，但里维斯并不迷信"战略"这个词。"实际操作中，影响战略选择的因素很多，并没有一个公式可以算出来。

更重要的是，企业很多时候不一定清楚自己的真实情况，对战略的判断未必和市场环境要求一致。因此并不存在一个普适的、包治百病的方案。"事实上，企业在不同的发展阶段应该有不同的战略组合，比如初创期要抢先，发展期要协调，稳定期则会转向求快或做大。

对中国企业来说，各种考验是随时随地的。有些企业已选择了适合自己的战略，但更多的还在摸索阶段，里维斯认为其中做得较成功的是阿里巴巴、华为和海尔。在中国企业国际化的征程中，他给出了如下建议："一定要灵活，大公司也要像小公司一样快速行动，并不断检验和反思。"

（文 / 尹洁）

诺埃尔·凯普：小心应对不喜欢你的消费者

在关键客户营销这个领域，年迈的诺埃尔·凯普可谓"神一样的存在"。这位美国哥伦比亚大学营销学教授所著的《关键客户管理》一书，被业界视为"圣经"。他提出的营销要务和关键原则，曾帮助宝马、欧莱雅、通用等跨国企业走出困境。

营销的变与不变

虽然论坛以"创新"为主题，凯普首先向记者强调的却是那些不变的原则。"要做好营销，就必须坚持六大要务、四大原则。"他解释说，所谓六大要务，第一是公司要弄清想在什么地方开展业务；第二要弄清想开拓的是市场哪一部分；第三要确定针对这部分市场的策略；第四是针对这个市场的消费者提供产品；第五是内部工作设计，营销部门要设计好公司内部各部门应该怎么做；第六是控制好资源的分配和使用，不能浪费。

说到四大原则，凯普称，一是不能平均使用资源，要将资源用在最重要的地方；二是要为客户提供超出对手的更有价值的产品；三是从产品到公司内部功能都要整合；四是要持续关注外部世界的变化，进行适当的调整。"有很多曾风光一时的企业，如摩托罗拉、诺基亚、黑莓和柯达，都败于没有充分关注环境的变化。柯达的胶卷一如既往地好，诺基亚的手机也是如此，但世界变了，没有跟上创新步伐的公司就会被淘汰。"凯普说。

但另一方面，今日的营销又有许多变化。"首先，产品的总体质量在上升。这也许要归功于质量管理大师戴明，他曾在第二次世界大战后帮助日本企业加强质量控制，如今在日本还有戴明质量奖。由于产品质量普遍提高，营销就变得更为重要。"

还有一个重大变化来自互联网。"在互联网诞生之前，企业与客户间的交流基本是单向的，信息以广告等方式从企业流向客户，这就是大众营销。现在则出现精准广告。消费者上网时，所浏览的网站会知道你是谁、你的性别和年龄等，并将这些信息提供给相关企业，广告也转向面对个人的精准传播。此外，社交媒体让企业与客户的沟通能力大大增强。如果消费者买到不喜欢的产品，在社交媒体上写了评论，很快大家都会知道。比如美国联合航空公司暴力拖拽乘客事件，很快尽人皆知。企业必须小心维护品牌，小心应对那些不喜欢你的消费者，注意他们说了什么。一个不满意的消费者也许会影响 100 个潜在消费者。"

人人都要懂得营销

凯普是英国人，早年在伦敦大学一路读到博士，学的是化学。但毕业后，他却不想成为研究人员。"我的一些朋友都是搞市场营销的，我觉得那很有趣。有段时间，我在一家化学公司从事营销，后来去了哈佛商学院读书，最终走上教学之路。"

在凯普眼里，今天的社会人人都要懂得营销。"无论企业还是个人，如果没有客户，没有价值，就会遭淘汰。如今还出现了所谓'双边营销'，个人可以利用自己的资源开展经营。比如美国打车软件巨头优步，它一方面要满足消费者的出行需求，另一方面要管理司机，两个方向都要营销。"

还有一个变化是，顾客的消费知识更丰富。"消费者在购物前可能已在网上研究过这个产品。企业宣传的内容，消费者都会去验证。企业面对的是内行的消费者，要确保所释放信息的准确性。"

说到关键客户营销，这是凯普的本行。"关键客户极为重要，80%的利润产生于20%的客户。你必须给他们特别的待遇。此外，关键客户有国内、地区、全球等区别。过去10年，全球关键客户管理理念得到业界认同，经理们管理全球范围内某个关键客户的业务，与多层次的分公司打交道。"

不过，凯普对大数据的影响持谨慎态度。他说："大数据在精准营销等方面当然是有效的，分析大数据也有助于找到新的利润点。你或许发现某些数据很有意思，猜想在这当中有钱可赚，但必须在更严格的条件下进行验证。这就像钓鱼，你研究了各种迹象，还是可能钓上来一只旧套鞋。"

他们有了全球眼光

凯普的学术之路，穿插着爱情故事。他在哥伦比亚大学获得第一份工作，并在那里结识了后来成为他妻子的心理学家狄安娜。后来，他在美国西海岸的加州大学洛杉矶分校得到教职，狄安娜跟着他来到加州一所大学教书。"当她在哈佛得到教职的时候，轮到我跟她去波士顿了。"最终，凯普在哥大得到了终身教职，一干就是30多年。"我妻子是哥大聘请的第一位女性心理学家。我们是双学者家庭。"凯普说起这一点很自豪。

哥大所在的纽约，是一个多元化的城市，哥大学生中的中国人也很多。"我看过一部电影，描述19世纪末的中国留学生情况。他们来到哥大留学，然后返回中国，并成为著名的人物，如胡适、顾维钧等。"而凯普本人也颇有中国缘："1995年到1996年，我曾在香港科技大学任教，待了9个月，其间去了中国内地。那是一次非常愉快的旅行。我们去了上海外滩，也去了北京的紫禁城。当时我印象很深的是街头的自行车很多。从那时至今的变化很大，但中国人始终都友好而热情。我的哥哥在20世纪80年代曾在香港大学任化学系主任。可以说，我的家庭都与中国有缘分。"

"有一件事让我印象深刻，那就是中国从'文化大革命'的混乱中恢复的能力。邓小平先生在1978年开始改革开放，10多年后我到中国，这个国家已开始经济起飞。中国变得更为开放，很快成为一个大工厂。但当时落后的技术在拖后腿。如今，我看到中国已经赶到了前面。我在北京授课向3万人直播，我妻子的课向7万人直播。我们在美国没有看到这样的情况。在中国，人人都用微信，这是很先进的产品。我想，中国正在从一个科技的借鉴者变成科技的开发者，这很有意思。"

如今，凯普的中国学生越来越多。"有的学生回国了，有的留在美国，还有的在美国工作一段时间又返回了中国。中国学生的教育越来越国际化，中国企业家也在投资美国的学校。比如纽约的一所学校（特朗普曾经在那里读书）就被中国企业家收购了。在哥大，约40%的商学院学生不是美国人。中国学生在那里可以和世界各国的同龄人接触，感受到文化的差异。当他们回国时，将是中国企业的财富，因为他们有了全球眼光。"

凯普的妻子也在帮助中国留学生，"为留学生家庭提供包括心理咨询在内的服务"。凯普说："很多中国学生非常聪明，但不善于表达自己的意见。学生在课堂上听教授讲，这是孔夫子留给你们的文化传统。但是在美国或者欧洲，学生要积极表达意见。如果我给中国学生提建议，那就是：学着不要害羞，学着去争论，去说出自己的立场。"

赞赏"中国式智慧"

聊到中国企业的"做生意艺术"，凯普更来了兴致。"我和中国一家机械设备公司的负责人谈过。他的公司已是一个全球性公司，在许多国家有运营。中国不仅仅在出口货物，也在不同的国家运营。过去我们看到中国企业在本国的蓬勃发展，如今则是技术进步和在海外发展。"

中国企业的海外营销还有很多困难。"很长时间内，中国企业的成功主要来自价格优势，甚至技术比较先进的企业如华为也是如此。随着技术的进步，中国企业有可能将产品卖出更高的价格。这方面的营销要复杂得多，有很多东西需要学习。"

凯普给开拓海外市场的中国企业提出几个建议。"第一是找到最好的人才。当然，中国有很多人才。但很多美国企业多年前犯过一个错误，他们坚持在高级职位上只派美国人。虽然对中国公司而言，让中国人运作在英国或法国的分公司会感觉比较舒服，但更好的做法是找最好的人，无论他们是什么国籍。第二是做好功课。中国是个巨大的市场，印度、美国等也是。但中国企业还必须学会在一些较小的市场运营。要持之以恒地找到消费者的真实需求。"

说到营销策略，凯普对"中国式智慧"颇为赞赏。"在新的市场，你不一定要与当地竞争者针锋相对。比如海尔，它在美国没有与通用电气等企业竞争大家电，而是从小家电开始。这些家电适合学生宿舍之类的地方，这是被主要对手忽略的。由此他们得以立足美国市场。华为也是这样，它先去小城市，建立知名度，然后再进入大城市。当华为走出国境时，它没有马上去发达国家，而是去了非洲和拉美等地。"说到这里，凯普笑了起来："这就是毛泽东的战略——农村包围城市。这是把军事战略用于市场营销的好例子。"

（文／凌云）

为可能，追求极致

瓦尔特·朗格：用顶尖质量帮德国找回时间

在"日内瓦国际高级钟表展"上，瓦尔特·朗格是一位特殊的人物。这位老人所到之处，人们都会投来致敬的目光。作为朗格表的第四代传人，他的精神已经成为制表业的标杆。

钟表业活着的传奇

朗格是来自德国的顶级钟表品牌。1845年，费尔迪南多·阿道夫·朗格（1815—1875）在靠近德国萨克森州首府德累斯顿的小城格拉苏蒂镇创立了朗格。朗格创立后，格拉苏蒂镇成了德国制表业的中心，陆续创立了多家品牌。

1945年第二次世界大战的最后一天，朗格表厂的主要生产部门被盟军炸毁。1948年，表厂被苏联占领区政权收归国有。1951年，格拉苏蒂镇包括朗格在内的7家制表企业被合并，成立"格拉苏蒂人民表厂"，开始以实用为出发点批量生产腕表，由朗格创立的德国制表传统，如鹅颈微调、德国银夹板、黄金套筒、手工雕花等，连同朗格商标一起消失了，令人赞叹的精密工艺面临着失传的危险。

拯救这一品牌的，正是瓦尔特·朗格。他出生于1924年，16岁在奥地利钟表学校学习制表技术。1942年，瓦尔特入伍参加第二次世界大战，其间两次身负重伤并在撤退中死里逃生。1945年，瓦尔特作为伤员回到故乡格拉苏蒂镇，与父亲一道参与战后表厂的重建工作。朗格被收归国有后，他因拒绝加入政府工会组织，被罚去做矿工，后流亡联邦德国。

1990年10月3日德国统一，瓦尔特回到格拉苏蒂镇。12月7日，他在曾祖父创立朗格145周年这一天，重新注册登记了朗格商标。1994年，当历经3年多精心打造出的123块朗格腕表呈现在展会上时，引起了制表业的轰动。瓦尔特也因此成为钟表业活着的传奇。

"不能因为任何事而降低质量标准"

环球人物杂志：是什么激励您在1990年重建朗格？

朗格：先决条件是德国的统一，这样我才能够回到格拉苏蒂镇。当时格拉苏蒂镇的失业率很高，人民生活很艰苦。当地只有一个从民主德国遗留下来的工业联合体，在市场经济条件下，它是不可能生存下来的。虽然我住在联邦德国，但我的心总在为格拉苏蒂镇跳动。我想为家乡做点事，于是我决定重建朗格。

环球人物杂志：有没有想过在联邦德国重建朗格？

朗格：朗格和格拉苏蒂镇是不可分离的，我不能想象在别的什么地方成立一个新朗格公司。我的曾祖父把它创立在格拉苏蒂镇，它已经扎根在这里了。

环球人物杂志：为什么公司在成立近4年后，才推出第一批腕表？是重建的过程中遇到了什么困难吗？

朗格：我们当时一无所有，没有厂房和机器设备，一切都要从零开始。而且我们中断了40多年，瑞士很多品牌一直在发展，已经领先了很多。加之公司以前只生产怀表，现在要转产腕表，困难之多可想而知。最重要的是，我一直坚持100多年来朗格信奉的理念——制造世界上最优秀的钟表，所以我们不轻易推出产品，一旦产品上市，就必须能和世界上最顶尖的品牌相媲美。

环球人物杂志：当新朗格成功推出第一批腕表时，您是什么心情？

朗格：感谢上帝！朗格终于又回到了钟表业的前沿。朗格的新面貌与其他品牌腕表截然不同，首发的4个系列，尤其是别具特色的Lange 1超越了所有人的期望：它象征了朗格对完美腕表的不懈追求，以独特的方式结合了传统与创新元素，且与旧日的怀表接轨。Lange 1革命性的偏心表盘布局、专利大日历及动力储存显示，为业界设下了全新的基准。德国再次找回了它的时间！

环球人物杂志：为什么朗格能取得如此的成就？

朗格：朗格代表的是德式传统制表的精髓，在瑞士品牌占领的顶级腕表行列中独树一帜。外观方面，朗格的腕表明净大气，没有繁复的缀饰，独具硬朗冷峻的风骨，是审美的极高境界；机芯方面，朗格坚守德意志传统制表特色，包括德国银3/4夹板、鹅颈微调、手工雕刻的摆轮夹板、蓝钢螺丝固定的黄金套筒等，这些传统精髓都源自朗格的顶级怀表；工艺方面，朗格所有机芯不仅经过二次组装，其手工打磨和装饰的细腻和完美程度也是业界无可比拟的。

环球人物杂志：朗格是怎样确保世界顶尖质量的？

朗格：有很多方面。技术上，必须保持不断创新，永不停滞。我们有自己的钟表学院，有很好的设计师和钟表师，孜孜不倦地开发新产品。管理上，我们有很多科学的管理流程。工艺上，我们一丝不苟，追求尽善尽美。比如说腕表的二次组装，这在所有品牌中是独一无二的。我们首先对腕表进行第一次组装、调试，然后拆解已组装的腕表，根据调试结果再对零部件作进一步打磨和修饰，以确保完美状态。之后再进行第二次组装、再调试。最后，腕表还要置放在一个圆形的旋转仪器上，进行几个星期的观察和测试。一旦发现质量上有哪怕最小的不足，我们都会重新开始。

环球人物杂志：您希望朗格如何继续发展？

朗格：我现在已经不再管理朗格的日常业务，但仍会出席一些重要活动。我不想干预现在管理人员的工作，但有一点是必须永远遵循的，就是要致力于打造世界顶尖的质量。任何时候都不能有丝毫的松懈，不能因为任何事情而降低质量标准。质量是我们的生命，一旦质量出了问题，信誉受到影响，顾客就会抛弃你。现在我们每年只出产几千只腕表，我们不会为追求利润而扩大生产规模，生产几万只甚至几十万只腕表。

"我从没有害怕过"

环球人物杂志：除了开创的事业，读者对您传奇的一生也很感兴趣。能否讲述一下作为第二次世界大战中一个普通士兵的感受？

朗格：战争是很糟糕的事情，许多人为此颠沛流离甚至失去生命。因此和平是最重要的事。第二次世界大战后，欧洲致力于和平，成立了欧盟。欧盟现在有很多问题要解决，但以前欧洲每隔30年就至少有一次大战，而现在欧洲已经60多年没有全面战争了。可许多人看不到这一点，人们往往不去珍惜已得到的东西。

环球人物杂志：战争中害怕过吗？

朗格：我从没有害怕过，这确实很奇特。我不恐惧死亡，也不害怕失败。如果害怕，我就不会重建朗格。

环球人物杂志：能说说您的长寿秘诀吗？

朗格：以前我喜欢驾车出游。周末来到郊外，活动活动筋骨，就会又充满活力。但自从10多年前夫人去世后，我一个人驾车出门就比较少了。像我这样年龄的人现在能做的运动不太多，如果身体条件允许的话，我会每天散散步。

但是要想健康长寿，最重要的是保持乐观的精神。现在报纸上、电视上会登载很多负面消息，经常看这些消息，你就会觉得生活在一个很糟糕的环境中。正面消息对人的影响可能很短，但是负面消息却让你长久心情抑郁。因此要多看事情的正面，少看坏消息。如果你经历了大萧条和第二次世界大战，你就会知道你现在的生活是多么的美好。所以我说，只要你保持乐观的精神，做你喜欢的事业，永远向前看，你就会幸福长寿。

（文／李权谊）

玛氏：不上市的糖果帝国

提到玛氏公司，或许有人还不清楚。但说起其产品德芙、土力架，以及"快到我碗里来"的M&M's巧克力豆，恐怕没人不知道。在2018彭博亿万富翁指数榜单上，玛氏家族财富达897亿美元。这是一个神秘的家族，家族成员很少接受采访。作为全世界最大的私人企业之一，玛氏公司坚持不上市，也就不需要公布财务报表，这更为它增添了神秘色彩。

父子创业

外界普遍认为，玛氏家族的第一代缔造者是法兰克·玛氏（下文称法兰克）。他是一个不算成功的商人，从小跟母亲学习制作巧克力，19岁开始靠卖巧克力为生，经营过多家糖果厂，但都关门了。第一次婚姻失败后，前妻带着儿子弗瑞斯特去了加拿大。再婚后，法兰克于1920年在明尼苏达州创办了玛氏公司，生产一种名为"Mar-O-Bar"的糖果，由焦糖、坚果和巧克力混合而成。

玛氏家族的转折发生在1923年。这一年，弗瑞斯特回到美国，他向父亲提议在糖果棒外面覆盖巧克力，使其口感新鲜又便于携带。弗瑞斯特还给它起了个充满童话色彩的名字——"银河棒"。"银河棒"一经推出就大受欢迎，玛氏公司迅速变成著名品牌。1930年，玛氏公司又成功开发出士力架，成为当时美国第二大糖果制造商。

日后，人们回溯玛氏家族的创业史，通常会用两个截然不同的词来形容法兰克和弗瑞斯特：父亲安于现状，从未想过一个巧克力小作坊能发展到如此规模；而儿子则野心勃勃。弗瑞斯特不断劝说父亲扩大经营规模，并经常催促父亲到加拿大开拓事业。这令法兰克相当不悦，最终将弗瑞斯特逐出家门。

怀揣着5万美元和"银河棒"的海外销售权，弗瑞斯特开始远征欧洲。他以工人身份到托布勒、雀巢等工厂工作，学习欧洲人的技术，研究他们的口味。随后，他改良了"银河棒"，在英国推出时改名为"玛氏棒"，大受英国人欢迎。1939年，欧洲玛氏公司已经成为英国第三大糖果制造商。

不久，第二次世界大战爆发，英国政府开始对外国人征收高额税费，很多外商撤退，但弗瑞斯特却看到了商机。他留意到上战场的军人会携带一种耐高温的巧克力补充能量，于是他立刻组织团队研发出了M&M's巧克力豆。整个第二次世界大战期间，M&M's都在赚钱。今天，M&M's巧克力豆在全世界随处可见，但很少有人知道它最初针对的是第二次世界大战军人开发的产品。

战后，为了寻找 M&M's 的新增长点，弗瑞斯特进行市场研究发现，M&M's 非常吸引小孩子，但小孩子没有钱。他马上转变策略，确定了 M&M's 极具诱惑力的广告语："只溶在口，不溶在手。"成年人纷纷抛弃其他品牌转向了 M&M's。1956 年，M&M's 成为最受欢迎的糖果。

"火星怪兽"

弗瑞斯特出走一年多后，法兰克病逝，生意交由第二任妻子和女儿打理。弗瑞斯特始终认为父亲的公司应该属于自己，一直在收购美国玛氏公司的股票。1964 年，两家公司终于合并，弗瑞斯特集董事长、总裁、首席执行官于一身。

全面掌控公司之后，弗瑞斯特按照自己的风格对公司进行了彻底的变革。他将公司里一些不重要的东西全部拿掉——管理层的用餐室、法国厨子、橡木画框、艺术收藏品、地毯和专用直升机。他发给每个员工一张计时卡，包括玛氏家族成员在内的所有人都要打卡上班，迟到会被扣 10% 的工资。弗瑞斯特还取消了管理层好听的头衔，不给他们配秘书，不设大办公室，要求员工之间见面都只叫名字，每个人都自己接电话、自己复印、自己倒咖啡。这些制度确实激怒了一些高管，但弗瑞斯特用节省下来的成本，为员工加薪 30%。最终，他赢得了更多的支持。

弗瑞斯特鲜明的个人风格还体现在对产品品质的把关上。他会定期检查工厂和办公室，相信整洁的环境是提高工作效率的不二法门。

比如，弗瑞斯特要求生产M&M's的工厂每隔45分钟要彻底擦洗一遍地板；每一条士力架上面要不多不少摆15颗花生米。有一天半夜，他突然打电话给一个员工，要求他将一批M&M's从货架上撤下，原因是他从超市买了一包同批次的巧克力豆，发现包装上的"M"两条竖杠印得不够清楚。玛氏公司也是糖果业中第一家在产品包装上标示食用期限的厂商，产品到期后仍未售出的，将禁止出售。

弗瑞斯特不仅对员工严厉，对自己的子女也近乎苛刻。1964年，弗瑞斯特刚成为董事长时，他的二儿子约翰已经29岁了。有一次公司举行高级主管会议，约翰因为要为妻子举行生日宴会而缺席。这一举动让弗瑞斯特勃然大怒，他命令约翰马上回到公司，并罚他当众跪在会议室里做祷告。

当时的媒体曾评价弗瑞斯特"脾气暴躁""低调而古怪"。玛氏内部员工则用"火星怪兽"形容弗瑞斯特，因为玛氏和火星在英文里是同一个词。弗瑞斯特清楚自己并不受人欢迎，但他从不认为生产糖果的人就一定需要好人缘，"我不是一个糖果制造商，我想建造一个帝国。"弗瑞斯特说。

百分之百的私人企业

弗瑞斯特用了9年时间，重塑了玛氏的组织结构和企业文化。1973年，69岁的他决定退休，将经营权交给儿子小弗瑞斯特、约翰及女儿杰奎琳。

玛氏公司的第三代领导人继承了父辈的固执。由于三人从小跟随父亲在英国长大，所以他们习惯了英国口味，不喜欢吃花生酱而偏爱榛子。因此，玛氏公司推出了很多含榛果的产品，不过它们大多因为不符合美国人的口味而遭到市场冷落。1976年，美国一些企业在红色食用色素中发现致癌物质，虽然玛氏公司并没有使用这种有问题的色素，但他们还是从M&M's中拿掉了红色部分。这一决策严重影响了消费者的信心，10年之后玛氏公司才敢把红色部分重新放回去。

玛氏三兄妹还跟他们的父亲一样铁面无私。为了打发自己的退休时光，1980年，弗瑞斯特在赌城拉斯维加斯建立了另一家糖果公司，并且住在公司楼上。1990年，孩子们把这个公司买下，作为玛氏的子公司运营。当弗瑞斯特要求继续住在公司楼上时，孩子们却要求父亲必须按月支付房租。

与弗瑞斯特管理下的公司只专注于生产不同，玛氏第三代掌门人尝试通过并购扩大版图。他们先后买下了德芙公司、法国皇家宠物食品公司等，2008年玛氏公司还联手巴菲特，斥资230亿美元收购了美国最大的口香糖制造商箭牌，从而使公司成为全球行业老大。

如今，玛氏公司在全球拥有7.2万名员工，但它的总部却搬到了弗吉尼亚州一座砖瓦结构的二层小楼中，这里只能容纳80人，门口没有任何标志，只挂了一块写着"私人房产"的牌子。尽管公司利润已经超过大多数世界500强公司，但玛氏家族坚决不肯上市。在决策层看来，只有这样才能保证公司管理的独立性和对利润的完全控制。玛氏公司到现在都还是一家百分之百的私人企业，它不设公关部，不公布财务报表，禁止员工接媒体电话。

那玛氏公司把钱都花在了哪呢？答案是人力资源。2013年，该公司被《财富》评为"美国100家最适宜工作的公司"：它的自动售货机随时提供免费糖果，员工在开会时可以随意嚼口香糖，公司还督促员工上晚间大学，学费由公司承担。曾经有猎头试图从玛氏公司挖人，一位员工拒绝了新职位，并回复猎头说："也许别的公司真的很好。但他们把钱花在了大理石地板、毕加索的画这些错误的地方，这些东西会让企业增值吗？"

（文/海艳娟）

任天堂公司："卖情怀"，玩家都买账

仿佛一夜之间，手机游戏"精灵宝可梦GO（Pokémon GO）"火遍全球，就连美国总统候选人希拉里都要在"精灵训练师对战场馆"举办一场竞选活动，可见这款游戏有多吸引人。

这款通过日本任天堂公司的人气知识产权（IP）——"精灵宝可梦"开发的手机游戏，借助增强现实（AR）和GPS定位技术，实现了虚拟与现实的结合。玩家们纷纷拿起手机，走上街头，去捕捉属于自己的"小精灵"。数据显示，游戏上线仅两天就覆盖了美国5.16%的安卓设备，并一直占据苹果和安卓应用下载排行榜榜首，日活跃用户直逼推特。游戏的火爆也使任天堂公司股价在两星期内大涨逾127%，市值增加约200亿美元，还一度触发了日本的熔断机制。

"精灵宝可梦"的强大号召力，显示了任天堂仍拥有着一些世界上最具价值的角色IP，而这IP的缔造者之一、任天堂前任社长岩田聪已于2015年7月去世。岩田聪离世时，任天堂尚处在连年亏损的经营困境中。一年后，新社长君岛达己正努力使岩田聪的愿望——"做出所有玩家都会喜欢的手游"成为现实。

"天才程序员"

在几代玩家心中，岩田不止是一个游戏公司的社长，更是一个天才设计师。

岩田出生在北海道札幌市一个官员家庭，是典型的"官二代"。高中时期，当同学们还在用计算器解题时，他却用计算器编写了自己第一部游戏作品——一款没有图像只有数字的棒球游戏。"我的朋友们很喜欢这款游戏，这激发了我对游戏的热情。"岩田进入东京工业大学后，想学习视频游戏编程，但无奈没有相关授课。于是他选修了一些工程及电脑相关的课，课余他喜欢去当时东京唯一一家销售个人电脑的店铺里玩，并结识了许多电脑爱好者。不久，几个志趣相投的伙伴在秋叶原租了一间公寓开发游戏，后来干脆组成了一家公司——"HAL研究所"。"HAL"取自电影《2001太空漫游》，蕴含着"每个字母都领先IBM一步"之意。岩田大学毕业后，拒绝了父亲安排的仕途，不顾家人的强烈反对，继续留在了HAL研究所。

20世纪80年代初，任天堂的"红白机"诞生，其出色的画面表现力让岩田觉得行业革新将要来临。"我们意识到HAL历史上最重要的时刻就要到了"。他想尽办法和任天堂公司联系，把HAL的创意提供给他们。当时，任天堂没有强大的开发团队，很快接纳了作为第三方开发商的HAL。其间，岩田编写了经典的"气球大战"，其精湛的编程技术很受任天堂赏识。"红白机"独占了当时的家用游戏机市场，也奠定了任天堂在游戏界的领袖地位。

1992年，HAL因投资失败和销售不力，产生了巨额亏损。时逢日本经济泡沫破灭，随之而来的经济萧条使HAL几乎到了破产边缘。这时，任天堂出手注资相救，时任社长山内溥开出的唯一条件，就是让岩田担任HAL的社长。成为社长后的岩田在管理公司之余，还参与了多款游戏研发工作，包括HAL史上销量最高的"星之卡比"、大名鼎鼎的"任天堂全明星大乱斗"以及"精灵宝可梦"系列。在岩田的带领下，HAL在6年中从负债15亿日元变为盈利。

岩田接受山内的邀请，于2000年正式加入任天堂，担任经营企划部部长。两年后，山内作出了一个让所有人都惊讶不已的决定：希望岩田聪来担任公司第四任社长。要知道，任天堂此前一直是山内的家族企业。对于这个决定，山内后来解释："之所以选择岩田聪，正是看中了他的学识及他对任天堂软硬件的充分理解。"这一年，岩田41岁。

成就"黄金时代"

岩田接任社长之时，Gameboy系列掌机服役太久，任天堂64、任天堂Game Cube等主机销量不佳。而索尼的PS2、微软的Xbox在全球大受欢迎，使任天堂在游戏界的霸主地位受到挑战。

面对来势汹汹的竞争对手，岩田选择以任天堂的传统强项掌机作为战略突破点。他认为，应该彻底摒弃以画面为主的发展思路，用一种新的游戏体验给玩家惊喜，同时缩短游戏开发的周期与制作成本。

2004年11月，任天堂DS（双屏）掌机正式发售，不仅为服役15年的Gameboy系列画上句号，更开启了DS时代。凭借触摸屏、双显示屏等特色，DS打破了人们对掌机的固有认识，简化了用户界面，拉近了游戏和普通人之间的距离，很快俘获了全球玩家的心。DS最终实现了1.5亿台的超高销量，成为任天堂史上最卖座的掌机。

同年12月，岩田提出"扩大游戏人口"战略，他认为游戏的核心在简单的构思和真正有趣的创意，轻度休闲的游戏更能吸引不常玩游戏的人加入。在这种理念下，任天堂开发了Wii系列游戏。这款主机迅速凭借革命性的体感特性风靡全球。2007年，英国女王伊丽莎白二世的圣诞首场娱乐节目就是玩Wii；奥巴马一家入住白宫时随带物品就有Wii；在美国，拥有Wii的家庭数量甚至超过了养猫的家庭……Wii最终销量突破了1亿台，造就了任天堂的极大辉煌。

2002年至2008年是岩田的黄金时代。任天堂的净销售额从5548亿日元增长到1.67万亿日元。营业收入也从1191亿日元扩大到4872亿日元。2008年，任天堂的现金储备超过1万亿日元，成为日本现金储备最大的企业。这一年，岩田也被评为全球30名最佳CEO之一，被赞誉为能与松下幸之助媲美的商业大师。

岩田曾说："在名片上，我是一个公司总裁；在我自己看来，我是一名游戏开发者；而在内心深处，我是一名玩家。"正是这种"玩家之心"，才让任天堂开发的游戏老少咸宜，把玩家从游戏迷扩展到平常不玩游戏的人，把游戏的欢乐带到寻常百姓家。

进军手游市场

随着智能手机爆炸性普及，手机游戏迅速抢占了休闲游戏市场份额，但岩田认为手机游戏会剥夺传统游戏的乐趣，所以坚决抵制手游。"如果我们做手游，任天堂就不再是任天堂了。"由于明星产品任天堂DS和Wii逐步被淘汰，后来生产的任天堂3DS和Wii U未能延续昔日辉煌，任天堂在2011年后出现了30年未有的连续亏损。

与此同时，岩田的健康状况急剧恶化。2014年6月，他因胆管肿瘤接受手术。术后的岩田做了重要转变，即在公司的一贯定位和潮流之间选择了进军手游，并利用深入人心的IP重夺用户。在宣布做手游后，岩田表示："我们或许可以开创一种任天堂式收费模式，无论这种模式如何存在，有一点不会改变，那就是玩家比赚钱更重要。"

此后，岩田积极拉拢SEGA、CAPCOM等知名厂商，包括制作"精灵宝可梦GO"的Niantic等新兴厂商，来为任天堂创造优质游戏。2014年，任天堂推出创意联动玩具Amiibo，宣布与手游公司DeNA合作开发手机APP，并透露了新一代主机NX的计划。

但不久，岩田的病情再度恶化，并于2015年7月11日病逝，永远地离开了他所热爱的游戏事业。

其实，"精灵宝可梦GO"来自2013年岩田与朋友的一个构想，但不论之后任天堂如何因疲软的表现饱受外界批评，还是在岩田生命倒计时的日子里，为了玩家能有更好的游戏体验，他始终没有在条件未成熟时将这一游戏草率推出。如今,"精灵宝可梦GO"让全世界玩家为之疯狂,可惜这一切,岩田已经看不到了。

临危受命的接班人

岩田的离世给任天堂和玩家们来了个措手不及。2015年9月,任天堂召开临时董事会,任命君岛达己为新社长。为什么不是"马里奥"之父宫本茂,也不是"硬件三杰"之一的竹田玄洋,而是出身银行业的君岛达己?外界对于这个任命充满了疑问。

举止言谈温和、性格爽朗的君岛,在游戏开发方面可以说是个门外汉,连打游戏也总是输给孙子。但当初在Wii U开始销售时,他却能做出"Wii U和Wii太相似会失败"的尖锐断言;当岩田抵制手游、专注主机游戏时,君岛就表示更看好手游市场……在岩田执着于"游戏应该创造快乐"的时候,君岛更清楚游戏市场的走向。

"从本社放眼全世界展开新事业是我的职能。"上任后,君岛继承了岩田的遗志,促成了NX主机和手游制作,努力改善了公司的经营状况。在商业开发方面,君岛提出"设立企划制作本部与商业开发本部两大部门,企划制作本部负责制作游戏软件,而商业开发本部负责活用角色IP,比如与主题乐园进行合作等"。

"精灵宝可梦GO"就是任天堂抓住了手游与AR技术结合所切中的市场需求。业内人士认为,"精灵宝可梦GO"的火爆,使任天堂在游戏广告和授权的收入大幅增长,并将推动这家公司从传统的游戏硬件制造商向游戏IP和软件提供商转型。

现在看来，身为商人的君岛对任天堂来说确实是更好的选择。岩田聪"简单、好玩"的游戏理念加上君岛达己的商业嗅觉，也许任天堂将迎来下一个辉煌。

（文/赵婧夷　贾文婷）

乐高家族：传承4代，全靠一个"拼"字

即使你是没玩过乐高的人，也一定见过这种风靡全球的儿童玩具——五颜六色的塑料拼插积木，每块积木的一面有若干圆形凸粒，另一面有可嵌入凸粒的凹孔，能组装成各式各样的建筑、动物、卡通人物等，是颇受孩子们欢迎的益智玩具。而乐高的设计和制造商，就是丹麦的首富——克里斯滕森家族。创业至今，他们持续经营了85年，将乐高从一个小作坊变成了全球第二大玩具生产商。

中国有句俗话"富不过三代"，而克里斯滕森家族已经传承了4代。在乐高的发展史上，有过几次起伏和转型，在每一次波动后总能迎来新的生机。现在，这家老牌企业再次面临转折点：2017年9月5日，乐高发布了上半年财报，集团整体收入较上年下降5%，营业利润下降6%。不过，2016年乐高的营业收入创下了历史上的最高值，此前，企业保持了近10年的两位数增长。面对发展速度放缓的趋势，乐高集团在财报会议上宣布，业务重心将转向以中国为代表的新兴市场。

追溯乐高的历史，首先要提到这种积木的发明人和企业创始人——奥勒·克里斯滕森。他出生于1891年，本来是一个木匠，经营着自己的木工厂。从年轻时起，奥勒就喜欢制作各种小玩具，无论是飞机、汽车还是人物、动物，都形态逼真。

1932年，全球经济陷入大萧条，手艺人普遍接不到订单。奥勒的木工厂也难以为继。经过慎重思考，他决定转型做玩具，并给公司和产品起名为"乐高"，丹麦语的含义是"用心地玩"。

奥勒对产品质量有极高的要求。有一次，他的儿子哥特弗雷德给木制玩具涂漆，本来应该涂三遍却只涂了两遍，完工后兴冲冲地告诉父亲，自己为公司节省了开支。奥勒非常生气，马上要求儿子把已经包装好的玩具拆开，涂上最后一遍漆，重新包好给客户送过去，即使熬通宵也要按时完成。为了强调质量，奥勒在工厂里挂了一块木牌，上面刻着"只有最好的才是足够好的"，这句话直到今天仍然是乐高公司的原则之一。

20世纪40年代后期，玩具产业进入塑料时代。奥勒购买了注塑机器，开始制造塑胶玩具，并设计出带有凹凸面的积木，任意两块都可以拼插在一起。对于玩具行业来说，这是一个划时代的发明。这一时期，乐高玩具以鸡、鸭、狗等动物，以及拖拉机、卡车等具有农耕特色的造型为主。

1958年，奥勒去世，哥特弗雷德成为第二代掌门。当时欧美的汽车工业正飞速发展，哥特弗雷德果断将公司从"农耕文明"带入"工业文明"，各种造型新奇的汽车玩具成为这一时期的主要产品。另外，拼插积木在奥勒时代并非主打产品，哥特弗雷德却认为，这种积木比生产现成玩具更有市场前景，于是将拼插积木作为公司的主流产品。事实证明，这个决定是正确的，拼插积木大受消费者欢迎，乐高也开始向挪威、德国、瑞士等欧洲其他国家扩张。

1979 年，奥勒的孙子杰尔德成为公司掌门。此后，乐高迎来了长达 15 年的黄金发展期。经过两代人的积累，杰尔德时代的乐高产品已经非常成熟，玩具在设计上完全由想象力主导，开发了很多主题系列——太空、城堡、海盗等，公司营业收入从 1978 年的 1.42 亿美元增长到 1993 年的 12 亿美元。1990 年，乐高跻身全球十大玩具厂商之列。

杰尔德担任公司 CEO 长达 25 年，大部分时间都顺风顺水，但从 20 世纪 90 年代末开始，乐高的产品线拉得太长，耗费了大量精力在衍生产品上。1998 年，公司财报出现赤字，这是其半个多世纪以来的第一次亏损。杰尔德开始调整公司架构，但并没有从根本上扭转颓势。2003 年，乐高出现断崖式暴跌，营业收入下降 25%，全年亏损 2.4 亿美元，一度濒临破产。

为了挽救公司，杰尔德决定将公司大权交给更有能力的职业经理人。2004 年，他聘用了乐高历史上第一位"外人"CEO——时年 36 岁的约根·奈斯德普，自己则退居幕后。这是一个英明的决定。年富力强的奈斯德普大刀阔斧地裁掉了将近一半的非生产线人员；将瑞士和美国的工厂转移到劳动力相对低廉的东欧和墨西哥；组建研究团队对儿童喜好进行分析，并聘请新的设计师，开发互联网时代的新产品，向机器人、电子游戏、电影、手机 APP 等品类延伸。

在奈斯德普的带领下，乐高又获得了 10 多年的快速增长。集团营收由2005年的11亿美元,增至2016年的54.7亿美元。特别是2015年,乐高取得31%的历史最高增速,仅次于芭比娃娃的母公司美泰,成为世界第二大玩具厂商。2008年,杰尔德成为丹麦首富。

2016年,乐高的营业收入达到历史顶点,但增长速度却从多年来的两位数降到6%,这一变化引起了管理层的高度注意。2015年年底,奈斯德普宣布辞去CEO职务,改任集团董事长。杰尔德的儿子、家族第四代成员托马斯接掌公司。

托马斯早年任职于其他行业,在乐高陷入危机期间回到家族企业,参与了公司再次崛起的过程,在业内口碑很好。在他看来,乐高发展速度放缓的主要原因是欧美市场的饱和,这些发达国家的玩具产业已经比较成熟,一些新型玩具、年轻品牌的出现也分化了消费者对乐高的热情。因此,他正在加快开拓新兴市场,其重心就是中国。

2017年上半年,乐高在中国市场的营业收入实现了两位数增长。托马斯表示:"全球化策略为乐高带来了新的机遇。"奈斯德普也表示,中国有成熟的电子商务体系,乐高与腾讯、阿里巴巴、京东等平台的合作使线上销售发展迅速。

目前,积木玩具依然是乐高的核心产品,但托马斯也正在重点发展另一个方向——儿童教育。以积木为依托,乐高在全球开展了一系列关于想象力的培训和活动,其中包括在中国举办的"乐高机器人大赛"。此外,为了与平板电脑和手机争夺游戏市场,乐高还推出了编程积木机器人,将实体玩具、传统拼插方式与数字体验相结合。

当然,乐高也有一些不会改变的东西,比如杰尔德总结的11条管理原则,包括:和员工亲近,也要保持适当距离;工作要精细,计划须灵活；勇于自我表达，但要注意策略；要有远见，同时脚踏实地；关注舆论，但不为其所累；等等。

这些原则可以证明丹麦首富家族的商业智慧，但乐高能否重回增长轨道、延续辉煌，最终还是取决于产品本身的吸引力。

（文/凌云）

拉链王 YKK：每年"拉"190 万公里

如果不看商标，如何判断一件衣服的品质？除了看面料、版型外，还有一项重要指标——拉链，比如品牌是否为 YKK。在这方面，全球拉链业鼻祖日本吉田工业株式会社（YKK）树立了一个标杆，创始人吉田忠雄和其子、现任董事长兼 CEO 吉田忠裕，两代人用 83 年的时间证明了一件事：认真做小事能成就大事业。

在廉价货遍地的拉链行业，YKK 一直坚持走"既要保质，又要保量"的路线。吉田父子的理念是：一方面主打中高端市场，主要为国际一二线品牌、轻奢和快时尚品牌提供产品；另一方面还能长期保持全球产量第一的位置，平均年产拉链 84 亿条，总长度 190 万公里，足够绕地球 47 圈。

即使这样还是供不应求。为了满足快时尚品牌推陈出新的速度，吉田忠裕启用了一套全新的生产管理系统，使拉链生产流程的衔接时间从一天变成一小时。2017 年，中国上海、越南等地的分支工厂已经替换上这种新设备。此外，YKK 也走上了智能化的道路，工厂车间开始使用智能机器人，其全球研发中心的数量也计划从6个增加到9个，研发人员将由810人增加到1060人。

从1934年创立至今，除了第二次世界大战的短期影响，YKK一直保持着稳定的发展和优秀的口碑，让吉田父子成为世界拉链王，这是如何做到的呢？

首先要归功于创始人吉田忠雄。这位日本著名企业家出生于1908年，家境贫寒，从20岁起就在同乡开的百货店里工作。第二次世界大战期间，这家店倒闭了，留下很多卖不出去的拉链，吉田忠雄以借贷的方式得到了这批货，从此开始了创业。

在当时的日本，拉链的质量普遍很差，整个行业都处于起步阶段。为了保证产品质量，吉田忠雄会用锤子挨个敲击，以确认拉链的强度，最终作为商品卖出去的只有1/3。但正是因为这种坚持，他的产品获得了"金锤拉链"的称号，YKK的口碑由此打响。

20世纪60年代，吉田忠雄把拉链业务拓展到世界各地，在22年的时间里，YKK在39个国家和地区设立了42家工厂和137个销售点，海外雇员达1万多人，销售范围覆盖125个国家和地区，坐稳了全球拉链产业的第一把交椅，并延续至今。

曾有人追问吉田忠雄的成功秘诀。他回答："我在17岁时读到一本书，对其中一段话印象最深：'除非将你所得利益与他人分享，否则你这一生不会成功。'这就是善的循环，它给了我成功。"

"善的循环"是吉田忠雄信奉一生的商业哲学。在他看来，虽然逐利是企业家的本性，但不考虑他人利益，自身也得不到大的发展。他坦言，做企业必须赚钱，而且多多益善，但利润绝不可独吞。因此，吉田忠雄将企业利润分成3份：一部分以降价优惠的方式回馈给消费者；一部分以合作让利的方式给经销商，并鼓励员工持股，每年支付18%的股息；剩下的部分留给自己的工厂。

1993年，85岁的吉田忠雄因肺炎去世，他的长子、47岁的吉田忠裕成为YKK第二代掌门。

在父亲打下的基础上，吉田忠裕不仅出色地做到了守业，还继续开疆拓土，尤其是把握住了中国这个快速崛起的新兴市场。1994年，YKK在中国投资的第一家工厂投入运营，15年后，已经在苏州、深圳等地拥有13家子公司。

吉田忠裕曾说，虽然拉链是一个很小的部件，但它坏了，整件衣服都不能穿。从这个角度说，看似不起眼的拉链承担了很大的功能。在他看来，拉链的使用寿命应该比衣服长久，最好能用一辈子，即使衣服穿破了，拉链也要完好无损。

因此，无论是材质、设计还是工艺，吉田忠裕都要求做到世界一流水准。业内公认，YKK的生产技术代表着亚洲拉链产业的最高水平，一条看似普通的金属拉链，材料大多采用精密金属，加上一些独特的工艺，在强度方面是其他品牌难以复制的。

吉田忠裕非常看重定制服务。"对于任何一个客户的项目要求，我们都必须诚心诚意地做出对应的产品。大家可能会说，拉链不都是一样的吗？实际上由于服装功能不同，产品存在很多微小的、细节上的区别，需要不断地搞研发，解决一些具体的问题。在这方面，我们对于客户的实际需求都会尽力满足。"

正因如此，YKK的产品种类繁多，分工也更细化，比如设有专门的工业用拉链制造车间，甚至在一定程度上阻碍了整体生产效率，这也是吉田忠裕决定启用新的生产管理系统的原因之一。

由于质量好、成本高，YKK的价格也是同行的好几倍，某些高级产品甚至是小品牌的10倍左右。因此很多消费者判断衣服品质的依据，不是看服装本身的品牌，而是先看拉链是否是YKK的。

2017年，YKK拉链在全球的市场占有率超过45%。2015年，其全球销售额为3130亿日元（约合184亿元人民币）。此外，由于YKK在中国的成功投资和良好口碑，吉田忠裕还被苏州、大连等地授予"荣誉市民"的称号。他每年都要来中国几次，被很多城市视为"老朋友"。

尽管YKK站在行业巅峰已经几十年，吉田忠裕却保持着谦逊的态度，丝毫不敢松懈。他始终秉持父亲"善的循环"哲学，同时谋求新的突破。在他看来，认真对待任何一个微小的环节，满足客户的所有需求，是YKK的小拉链生意能够称霸全球、屹立83年不倒的精髓所在。

（文／尹洁）

康拉德·希尔顿：用微笑缔造酒店王朝

2019年是希尔顿酒店成立100周年。如今，希尔顿的招牌遍布全球80多个国家和地区，旗下共有4000多家酒店，总资产已达数百亿美元。作为全球排名第一的五星级酒店，希尔顿是当之无愧的"酒店之王"。

"酒店之王"的辉煌离不开希尔顿家族3代人的经营，其中康拉德·希尔顿是这一切的缔造者。提起康拉德，人们首先会想到他和好莱坞明星莎莎·嘉宝的一段著名婚姻。他还写过一本书叫《宾至如归》，时至今日，这本书仍然是每个希尔顿酒店工作人员的"圣经"。

在康拉德的商业故事里，他饱尝苦难，白手起家，经历了美国经济大萧条和两次世界大战；在兼并酒店的过程中，用勇气和智慧突破重重困境。"你必须怀有梦想。"在晚年的自传中，康拉德揭开了发家的奥秘，"完成大事业的先导是伟大的梦想。我所说的梦想是指人人可及，以热诚、精力、期望作为后盾，一种具有想象力的思考。"

"放大船，必须找到水深的地方"

1887年圣诞节，康拉德出生在美国新墨西哥州一个荒凉小镇上，他是家里第二个孩子。但是圣诞老人似乎并没有给康拉德和他的家庭带来好运。

童年时期，父母为了养家糊口，每天起早贪黑辛苦工作。康拉德与其他弟妹在假期会帮家里分担劳务，有时还会推着货物沿街兜售。

1907年，一场全国性的经济危机爆发了。为了摆脱危机，康拉德一家在火车站旁开办了"家庭式旅馆"。父亲当总管，母亲做饭菜，康拉德和弟弟担负起揽客的任务。"在寒冷的冬天，一夜间要从被窝里爬起来两次，冒着刺骨的冷风到车站去等客人，这种痛苦的滋味，让我永难忘怀。"康拉德后来坦白说，"当时我对旅馆生意有恶劣的印象。"

除了接火车之外，他还要做其他杂务，比如照顾客人吃饭，替客人喂马洗车等，常常要从早上8点忙到晚上6点。也是这段痛苦的经历，让他在后来创业的日子里能够经受住更大的失败和挫折。

随着第一次世界大战炮火打响，1917年，康拉德应征入伍，军旅生涯开阔了他的眼界，但此时父亲的去世给了他很大打击。"要想放大船，必须找到水深的地方"，父亲的话在耳边响起。后来，从战场归来的康拉德决定开创自己的事业。这一年，他已经32岁，身上只有5011美元。

1919年，康拉德来到了得克萨斯州西斯科镇，那里云集着大批发石油财的冒险家。希尔顿家对石油不感兴趣,他想开创一番银行事业,然而已经谈妥的交易却被卖家出尔反尔搞砸了。

碰壁后,康拉德来到马路对面一家名为"莫伯莱"的旅馆,准备投宿。谁知旅馆门厅里的人群就像沙丁鱼似的争着往柜台挤,他好不容易挤到柜台前,服务员却把登记簿"啪"地一合,高声喊道:"客满了!"接着,一位板着脸的先生开始清理客厅,驱赶人群。

康拉德憋了一肚子气,忽然灵机一动:"你是这家旅馆的主人吗?"对方看了他一眼,随即诉起苦来:"是的。我在这个鬼地方已经待够了,赚不到钱不说,还被困住,还不如去做石油呢。任何人出5万美元,今晚就可以拥有这儿的一切,包括我的床。"旅店老板似乎下定了卖店的决心。

3小时后,康拉德仔细查阅完旅馆的账簿,经过一番讨价还价,卖主最后同意以4万美元出售旅店。康拉德四处筹借现金,终于在一星期期限截止前几分钟,将钱全部送到。

从此,莫伯莱旅馆易了主,康拉德干起了旅馆业。他给母亲发电报报喜:"新世界已找到,西斯科水深港阔,第一艘大船已在此下水。"

众筹渡过难关

1924年,康拉德决定再建一家新旅馆。他对母亲说:"我要集资100万美元,大刀阔斧地干一场。"1925年,达拉斯希尔顿酒店落成,到了1928年,康拉德41岁生日的时候,他已经有了8家酒店。

1929年秋天，康拉德宣布在埃尔帕索城中心"拓荒者广场"开始建造一家耗资175万美元的酒店。雄心勃勃的康拉德怎么也没想到，他正面临着一场空前的大灾难。

1929年10月，美国爆发史上最严重的经济危机。当时纽约流行一首儿歌："梅隆拉响汽笛，胡佛敲起钟。华尔街发出信号，美国往地狱里冲！"一切商业活动都戛然而止，无家可归者陡然增加，旅行的商人越来越少，即使有也住不起高档酒店了，酒店行业面临着历史性毁灭。

大萧条开始后不到一年，康拉德就负债累累。为了维持酒店运营，他将部分客房用木板封住、切断供暖和电源，想尽一切办法降低费用。尽管如此，当酒店租金到期时，他仍然交不上租金。为了熬过这一关，他决定采用众筹的办法，把大家都变成合伙人。

康拉德召集了一群供应商和他的母亲一起开会磋商。他承诺，如果供应商每人愿意出5000美元来帮助他渡过难关，等经济形势好转了，他会一直与他们保持合作。如果他们不能伸出援手，康拉德失去了酒店，也就永远还不上欠下的钱了。康拉德最坚定的支持者、他的母亲玛丽立即拿出5000美元。当参会的7位商人全部掏出钱包后，康拉德立刻拿着钱冲到银行交了租金。

然而，接下来越来越多的账单让康拉德无力支付，当家具公司因为178美元将他告上法庭时，律师建议他申请破产。康拉德用拳头重重地砸在办公桌上，坚决拒绝申请破产，他始终坚信自己能撑下去。

大萧条时期，美国有80%以上的酒店破产了。债权人当时也可以收集票据来摧毁希尔顿，但他们意识到在如此可怕的环境下，康拉德是做得最好的，他们选择相信他。

康拉德最终做到了，挺过难关后，他写信给债权人说，当最艰难的时候，你帮过我，现在我想帮你。你想要一份工作吗？或者你想购买公司的股票吗？我能做些什么来报答你的帮助呢？当美国经济复苏，康拉德的企业重新走上正轨，他发现，由于没有宣布破产，他和资助人之间结成了更为紧密的联盟，这也使他后来能够兼并更多的酒店。

践行"宾至如归"的理念

如果用一个关键词来概括康拉德和他的酒店王国，那就是宾至如归。

康拉德的酒店王国首先是员工的家，许多高级职员是从基层逐步提拔上来的。康拉德对于提拔的每个人都十分信任，如果他们中有人犯了错误，他常常会把他们单独叫到办公室，先鼓励安慰一番，告诉他们："当年我在工作中犯过更大的错误，你这点小错误根本算不得什么。"然后，他会帮他们客观分析错误的原因，并一同研究解决问题的最佳办法。

康拉德的观点是，只要企业的高层领导，特别是总经理和董事会的决策是正确的，员工犯些小错误其实是无碍大局的。他的处事原则也得到了丰厚的回报：希尔顿酒店整个团队积极向上，对领导信赖忠诚，对工作兢兢业业，对客人无微不至。

在美国经济萧条最严重的一年，康拉德曾到一线鼓励员工："我们希尔顿酒店很快就能摆脱困局。因此，我请各位记住，无论酒店本身遭遇的困难如何，希尔顿服务员脸上的微笑永远是属于顾客的。"

曾经有人问康拉德，掌握经营尖端的诀窍是什么？康拉德说："站在时代的前沿。"其实他只说了一半，另一半就是他一生坚持的酒店理念：宾至如归。

康拉德工作时常常满世界飞行，据说他每到一家希尔顿酒店，都要仔细检查《宾至如归》一书中的理念是否被真正贯彻到酒店的管理和服务当中，员工的礼仪是否符合标准等。在人们眼中，康拉德经常不归家，也许他这一生最爱的家，就是希尔顿酒店。

（文／刘心印）

法拉利：车手和商人的双面传奇

提起"法拉利"，人们最先想到的大多是著名的"跃马"标志、顶级跑车、土豪标配、刺激的F1方程式赛车……其实这些文化符号都源自汽车工业历史上的传奇人物——法拉利汽车公司创始人恩佐·法拉利。

法拉利是一个"不在江湖，江湖仍有传说"的人。他创建了以自己名字命名的汽车公司，至今仍是全球顶级品牌，拥有亿万粉丝；他为世界赛车运动做出了卓越贡献，现代赛车文化由他兴起，被誉为"赛车之父"；他拥有戏剧性十足的人生经历——辍学、参战、开公司、制霸赛场……

"永不止步"，这是法拉利终其一生都在坚持的信念，也是他事业取得巨大成就的关键词。事实上，不断进取、勇往直前是大多数企业家的共性，但能做到法拉利这种程度却举世罕见。

打工仔翻身做老板

法拉利既精通赛车技术，又有敏锐的商业头脑，这让出身底层的他能把握住机会，改变自己的命运，从一名普通的打工仔逆袭成老板。

第一次世界大战爆发后，因为家庭陷入困境，身处意大利北部城市摩德纳的法拉利不得不四处打工谋生：在消防部门当学徒、在车床加工学校当学徒、在炮壳小工厂当学徒。后来他又应征入伍，在环境最艰苦的地方作战。战争期间，由于父亲和哥哥相继去世，法拉利早早尝尽了人间冷暖，这迫使他学会直面困难，并努力寻找机会改变自己的命运。

战后，法拉利来到都灵，凭借驾驶技术进入阿尔法·罗密欧汽车公司，开始了长达20年的工作。刚进公司时，法拉利只是一名试车员，由于技术过硬，很快被阿尔法车队吸收为赛车手。成为车手的第一年，他就在意大利最著名的塔格·佛罗热公路赛上取得了第二名的佳绩。

除了开赛车，法拉利还有一个身份——汽车销售员，他善于交际，经常与三教九流打交道。凭借出色的社交能力，他很快成了汽车业内有名的代理商，一边推销汽车，一边跟随公司车队参加比赛。这段经历为他后来成立自己的车队、独立发展创造了条件。

1929年，阿尔法公司觉得赛车的市场太小了，于是将这块业务"外包"给了法拉利，并委托他去跟公司的重要客户、富有的卡尼阿托兄弟谈合作。法拉利抓住机会，向卡尼阿托兄弟提出方案：双方共同出资组建一支赛车队，法拉利负责经营，通过参加比赛扩大品牌影响力，而且作为阿尔法公司的代理人，他可以用最优惠的价格买到赛车、润滑油以及各种配件。

双方一拍即合，很快注册成立了一家公司，组建起一支车队，名字就叫法拉利。31岁的法拉利从雇员一跃成为拥有独立企业的老板。

长达 12 年的"复仇战"

车队成立之初，法拉利与 50 名赛车手签下了合同，其中不乏当时的巨星车手。因为车队用的是阿尔法公司的赛车和配件，所以参加比赛等于替阿尔法公司做宣传，双方是合作共赢的关系。

1929—1936 年，法拉利车队在各种大赛里出尽了风头，参加了 39 场大奖赛，获得了 11 场冠军，为阿尔法公司成为世界赛车行业的龙头做出了巨大贡献。但是到了 1937 年，由于法西斯主义的蔓延和经济危机的困扰，法拉利车队陷入了经费紧张状态。为了加强对车队的控制，阿尔法购买了车队 80% 的股份，将其纳入自己旗下。虽然法拉利本人名义上继续行使对车队的管理权，其实被架空了，双方因此闹僵。

1939 年，法拉利被阿尔法公司开除。离开时，他胸中燃烧着复仇之火，发誓一定要打败老东家。

根据离职协议，法拉利在 4 年内不得使用原车队名字，也不能直接参加赛车活动。之后几年，法拉利一直卧薪尝胆，在老朋友的支持下组建工厂，研发敞篷赛车。就在新产品已经完成，准备东山再起的时候，第二次世界大战爆发了，所有赛车活动都陷入了停滞状态。

为了生存，法拉利决定改行生产精密机床。战争期间，他的生意十分艰难，厂房在 1944 年和 1945 年两次遭到轰炸，但法拉利凭着强悍的意志力和不屈不挠的韧劲儿，挺过了最艰苦的几年，生产活动一直没有中断，这为他后来重返汽车行业奠定了基础。

第二次世界大战结束，法拉利扩大了工厂面积，并联系各位老朋友，请他们加盟自己的企业，研发新赛车。1947年，他正式组建了法拉利公司，并推出了第一辆属于自己的赛车——法拉利125。当年5月，这款赛车赢得了罗马大奖赛的胜利。

法拉利公司一战成名，但要成为领头羊还需时日。经过几年奋斗，1951年，法拉利终于实现了他盼望已久的"复仇"。那一年的7月14日，他率领车队在英国大奖赛中击败了阿尔法车队。在这场比赛中，著名车手冈萨雷斯驾驶着法拉利375超越了曾经被视为不可战胜的阿尔法159，法拉利当场激动得大喊大叫。此时距他离开阿尔法公司已经长达12年了。

与福特的较量

创建公司时，法拉利的主要目的就是赢得赛车比赛，所以当时的产品全部是赛车，而且只向私人赛车手出售。但到20世纪40年代末期，小汽车开始普及，很多人有了购买跑车的需求。法拉利看准市场趋势，主动研发大众型跑车，希望用"以车养车"的方式，即用出售跑车所获得的利润来支持赛车业务。结果法拉利跑车大受欢迎，公司进入了"黄金时代"。

20世纪50年代初，法拉利的产品打入美国市场，第一家店开在纽约曼哈顿。在法拉利眼中，美国是一块新大陆，蕴藏着巨大的市场潜力。这个判断非常准确，美国市场为法拉利公司打开了赚钱的水闸，直到今天仍是其营收中最大的一块。

不过，到了20世纪60年代，法拉利遇到了强劲对手——福特汽车公司。1963年，福特公司的CEO亨利·福特二世想收购法拉利的跑车业务。法拉利本来有意合作，但后来福特想进一步染指车队的生意，这触及了法拉利的底线——在他心里，车队不仅是一项生意，更代表了意大利的民族工业水平。

谈判最终破裂，双方有了积怨。福特决心要打破法拉利车队的不败神话。当时法拉利车队如日中天，从1960年到1965年包揽了6届勒芒24小时耐力赛的冠军。但在1966年，福特公司做了充分准备，旗下的GT40赛车表现出众，拿下了勒芒24小时耐力赛的前三名，打破了法拉利车队的长期统治神话。

另一方面，虽然法拉利跑车很受欢迎，但毕竟市场规模较小，获利有限，时间长了难以支持车队庞大的开销。20世纪60年代后期，法拉利公司逐渐陷入困境。

在这种局面下，法拉利做了灵活应变。1969年，法拉利接受了本国汽车公司菲亚特的收购，将50%的股份出售给对方，条件是对方今后不得干扰自己的赛车活动。他意识到公司不仅要在比赛中取胜，更重要的是长期生存，战略结盟与并购是必然选择。

一生追求极速

法拉利在10岁时迷上了赛车，梦想造出"世界上最快最漂亮的车"。

他用木板涂上红漆做了辆简易木板车,并在和小伙伴的比赛中遥遥领先。坐在这辆木板车上,他大声叫着"比你们更快"。从那时起,"更快"就成为他一生追求的目标。

赛车的性能需要在赛车场上才能得到检验,所以法拉利一直积极主张参加各种大赛。车队也没有辜负他的期望:1956年,经过法拉利改造的蓝旗车一举拿下了世界汽车竞赛的最高荣誉——一级方程式赛车即F1的年度总冠军,奠定了法拉利在世界赛车界至高无上的地位。前无古人的传奇对消费者的影响是巨大的,以至于一提到法拉利,人们就会想到F1霸主、飞一样的速度。

诞生于1987年的法拉利F40是法拉利监督研发的最后一台公路跑车,这是世界上第一款时速超过320公里的民用超级跑车。新车发布后,法拉利就与世长辞了。

1981年,保时捷启动959研发计划,法拉利则推出288 GTO计划。当时世界拉力锦标赛B组赛事正处在无限改装的时代,为了打败对手,所有厂商使出浑身解数压榨赛车的动力。但在1987年,因为B组赛事多次发生重大事故,国际汽联取消了这个过于疯狂的赛事。于是法拉利决定以288 GTO的改进型为基础,研发F40,作为公司成立40周年献礼之作。当时他知道自己来日不多,就将所有精力凝聚其中。最终,F40的横空出世为法拉利追求极速的一生画上了圆满的句号。

(文/尹洁)

从一个点子到商业帝国

皮尔森：靠脑袋办出大事

帕洛阿尔托是美国西海岸的一座科技城。2013年9月26日，这里又见证了一家新兴科技公司的诞生。这家被命名为戴克莱拉（Declara）的软件公司，其产品能够将社交网站的功能转化为全自动的咨询服务，客户仅以每年15美元的价格就能获得超越麦肯锡、贝恩等知名咨询公司的服务。脸谱网首位投资人、亿万富翁皮特·泰尔非常看好这项技术的未来，在公司成立之初便毫不犹豫地为其投资500万美元。戴克莱拉的创始人雷蒙娜·皮尔森（以下称皮尔森）22岁时曾遭遇严重车祸命悬一线，后来一边康复一边学习，最终成为科技公司掌门人。她的人生故事堪称传奇。

车祸后昏迷18个月

皮尔森1962年出生在一个普通的美国家庭，童年在得克萨斯州瓦克城和南加利福尼亚州度过，从小就展现出惊人的数学天赋。当别的孩子还在找草稿纸演算数学题时，她已经在脑子里摆好等式，得出了答案。年仅16岁时，她就被加州大学伯克利分校录取。

在一次考试中，皮尔森成绩遥遥领先，吸引了正在伯克利招募新人的美国海军的注意。成绩公布的第二天，一群军官走进皮尔森的寝室，许诺支付她剩余两年的学费，条件是她立即加入海军。她接受了，于1980年宣誓入伍。

很快，皮尔森的才华在军队里发挥了重要作用。在位于加州的军事基地，她演算出了苏联核发射井的准确位置，并引导F—18战斗机完成了战斗任务。当时20岁出头的皮尔森非常享受每一天的工作和生活，每天下班后坚持跑步13公里锻炼身体。战友们都说，她是基地里身材最好的姑娘。

命运无常。1984年4月的一个下午，皮尔森像往常一样去跑步。在一个十字路口，一辆汽车突然飞驰而来，将她撞翻在地。由于司机喝了酒，没能刹住车，结果汽车又从皮尔森身体上碾过。转瞬间，皮尔森两腿断裂，喉咙和胸腔完全被撕裂，心脏都露了出来，动脉汩汩地向外喷血。几位路人为她做了一些简单急救，随即把她送往医院。大家都心情沉重，觉得这个天才女孩和她一切美好的未来，都在车祸的瞬间被葬送了。

皮尔森在医院昏迷了18个月，连医生都对她的未来不抱太大希望。她的身体就像是一些破损"零件"拼凑起来的，甚至没有一个像样的鼻子，只剩下一块能通气的肉，进食只能通过胸腔的一个小洞完成。她从创伤医院被转到退伍军人医院，最后来到位于丹佛的全美犹太人健康中心。出乎所有人意料的是，皮尔森最终顽强地苏醒了过来。当时她体重只有29公斤，头发全部脱落，全身都是钢板，而且双目失明。1986年秋天，医生将皮尔森送到科罗拉多州的一个小镇养老院静养。

一边充实大脑一边"修补"身体

在养老院，老人们悉心照料着皮尔森，使她一点点重拾丧失的生活技能。几年间，她经历了100多次手术，身体开始慢慢恢复。整形手术让她的眼睛、鼻子、牙齿都得到了修复，她的面容不再那么吓人。终于，她觉得是时候离开养老院，重新走入社会了。皮尔森知道，尽管身上满是伤疤，但她最宝贵的一部分——拥有高效数学思维的大脑，丝毫无损，蓄积的能量正等待着释放。

1989年，皮尔森进入一所社区大学，想看看自己能否适应校园生活，结果证明她做得非常棒。在一条导盲犬的陪伴下，她花了两年时间在科罗拉多州刘易斯堡学院学习心理学。拿到学士学位后，她又获得了旧金山大学的硕士学位以及斯坦福大学和帕洛阿尔托大学的神经学博士学位。求学的同时，皮尔森一直经历着身体的"修修补补"，哪怕手术风险很高，她也坚持要做。她的目标很简单：一步步接近正常人。百折不挠的决心加上幸运，使皮尔森越来越接近自己的目标。经过1995年一次冒险的手术后，她的左眼恢复了视力。

由于自己的经历，皮尔森关心和她一样遭受过创伤的人。海湾战争期间，很多美国士兵头部中枪。由于受到带入的沙子的影响，核磁共振图片清晰度不够,医生无法实施手术。皮尔森与美国军方合作,通过计算,大大提高了图片的清晰度,挽救了无数生命。1997年她进入帕洛阿尔托一家大脑研究中心工作,帮助那些从中东战场回家的士兵。

正是这份工作让她的事业进入另一个轨道。当时皮尔森正与美国退伍军人事务部合作,研究退伍军人的记忆力及学习新技能的情况。她认为评估军人学习情况最好的方法,就是把他们与在校学生对比,于是主动联系了当地的教育机构。调查中她发现,这些机构没有储存学生学习表现的记录,没有建立任何数据库追踪学生的学习情况,也没有保留对不同老师的反馈。皮尔森决心填补这一空白。她拿到了教师资格证,获得了盖茨基金会的资助,开始为西雅图的公立学校建立数据收集和分析系统。

数据系统商业化:硅谷新征程

从2003年到2007年,皮尔森开发了名为Source(根源)的软件,并在西雅图公立学校系统担任首席科技官。家长登录这一系统可以看到孩子的学习表现,包括考试分数、出勤情况和教师评语。这一系统最后发展成为一个庞大的数据库,家长、学生、老师都参与其中。该数据库还与一个网上资料库相连,用户可以在这里找到新的学习材料,包括视频、音频、博客,应有尽有。

随着Source系统的成功,皮尔森萌生了将数据系统商业化的念头,于是建立了自己的第一家公司，专门将教与学过程中的信息数据化，并据此做出分析。该公司大获成功，3年后被英国一家公司以1000万美元的高价收购。皮尔森还因此出任了该英国公司的首席科学官，直到她辞职创立戴克莱拉公司。

戴克莱拉会根据客户需求设计软件，每款软件都是一个综合数据库，可以将学习、管理、创意、聊天等网络功能与商业情报功能集中到一个平台上，通过科学的计算和分析，知道用户使用或创造了什么内容，哪些人对他们最有帮助。通过记录、分析用户的评论、点击、共享数据，系统能得出结论、提出建议。凡是使用该系统的企业，能够了解员工特点，发现最适合某项任务的人选。

与早期的企业社交系统相比，戴克莱拉的系统有明显优势：它不仅将人们联系起来，还使他们变得更聪明高效。利用这一系统，员工之间能建立联系，企业还能分析和利用这种社会联系，激发员工学习、成长、合作和创新的能力。这无疑将为企业创造更多价值。

澳大利亚正在全国的公立学校推行通选课，戴克莱拉的系统使老师们可以接触到一样的数据资源。这相当于在28万名老师间建立一个网络，任何一名老师点击同一个链接，都能看到全国其他老师推荐的测试和视频，还能互相沟通。系统记录着每一次互动，它了解哪位老师关心什么问题，谁的教学成果在进步。凭借这一点，皮尔森认为这一系统足以挑战大型咨询公司。

皮尔森的软件很快获得了市场认可。一些大型银行和公司已经成为其客户，利用它将全国的办公室串联起来。墨西哥政府也开始与戴克莱拉合作，老师、学生正通过它保持交流沟通，改进学习效果。在皮尔森看来，帮助人们用头脑看清世界是戴克莱拉成功的根本。

她自己的故事也激励了很多人，奥斯卡获奖编剧斯坦·谢尔文正在考虑将她的经历搬上银幕。无论怎样，充分诠释了人类顽强精神和不竭智慧的皮尔森，在现实中将继续上演她的传奇。

（文 / 孙成昊）

阿莱士·钟:"动图霸主"

随着里约奥运热,一大波全新的动图表情(Gif)袭来,横扫社交网络。人们想以最快的速度看到最多、最全的"笑果图",动图网站的点击量因此飞涨,其中最受青睐的就是即氛(Giphy)。

这家位于纽约曼哈顿的公司是一家动图搜索网站,创始人兼首席执行官是韩裔美国人阿莱士·钟。他坚信"动图是一种语言,可以表达人性",想借助网站推广这种沟通方式,就像传播一门新的语言。同时,他也打造出一家成功的互联网公司——作为2016年全球最大的动图搜索网站,即氛每月用户访问量达1.5亿人次。

人人都爱"表情包"

打开即氛,搜索关键字,选中最能传达当下情绪的动图,分享到网络社交平台。这是美国人表达感情的新方式。你可以用动画人物辛普森的哭脸表达悲伤，也可以用好莱坞明星詹妮弗·劳伦斯的瞪眼传递内心的抗拒，还可以用眼花缭乱的"魔性"效果图表示自己已经完全失去理智。

无论是几十年前的电视剧，还是刚上线的视频、当红明星的最新造型，都能在即氪找到动图。阿莱士的团队不仅搜集，而且制作。他们建立了世界最大的动图库，内容还在爆炸式地增长。

这是一种不同于短信、微信、邮件的情感输出方式，它的特点在于融合了新闻、娱乐、视觉效果、人际沟通，而且有一个很大的优势——动图可用于几乎所有的主流社交平台，这大大扩展了它的传播性。

"这是年轻人乐于参与的一种时尚。"阿莱士说，"人们已经感受到动图是网络潮流、是很酷的事，它可以被任何人使用，是把自己介绍给他人的工具。"

2015年起，即氪的业务就呈现出爆发的势头。为了保持行业领先地位，阿莱士干脆成立了一家制作原创动图的工作室。

这的确是一个前景广阔的新领域，传统行业纷纷找上门来。多家电影工作室和电视制片商都邀请阿莱士担任宣传顾问，广告商更是趋之若鹜，希望即氪帮它们推广产品或制作视频。餐饮品牌赛百味、美国职业男篮联盟都向即氪咨询宣传技巧，美国家庭影院频道（HBO）也请即氪帮忙宣传《权力的游戏》。不过更多时候，企业会自己制作动图，上传到即氪图库，以方便网友第一时间搜索到。

就连政客也瞄上了即氪，希望借助它的力量为自己拉选票。竞选中，在征询了阿莱士的意见后，希拉里的竞选团队放出了一批她因班加西事件接受聆讯时面无表情耸肩膀的动图。

即氖还赢得了时尚界的关注。迈克尔·高仕、卡尔文·克莱等时尚品牌都提出与即氖合作，把模特走秀的影像制作成动图，提高品牌影响力。

现在，即氖已经是全球最大的动图搜索引擎，如同谷歌之于内容搜索，钉趣之于图片搜索一样，即氖是动图搜索的第一入口，网站的市场估值已达到3亿美元。

上线当天收到投资意向

这么火的动图网站是怎么做起来的？

2012年的一个冬日，阿莱士正和朋友——后来的即氖联合创始人杰斯·库克聊天，谈到当时刚出现的动图表情，两人都很兴奋，滔滔不绝地说起自己多么喜欢这种新技术。阿莱士突然灵光一闪，决定查一下是否已经有能够搜集和制作这种动图的软件，结果没有。

"发现这一点我就兴奋起来了。"阿莱士回忆说，"人们已经很难在互联网行业中做一个全新的东西了，几乎所有可能的领域都已经有人涉足。"

学设计和工程出身的阿莱士曾经创建过一个社交网站，也为网络音乐频道开发过流媒体软件，还为英特尔做过硬件。反反复复地创业让他有些疲惫，于是决定休整一段时间。他去学了巴西柔术，拿下了二级黑带。但他不练功的时候依然会写代码。决定创建即氖时，他正在写一个与图片和视频搜索相关的软件。

完成即氚的初级架构后，阿莱士将网站链接发给了一些朋友。他的本意只是征求意见，结果朋友又发给他们的朋友，滚雪球一样越来越多。几小时后，即氚的页面访问量超过了3万。更让阿莱士没想到的是，截至上线当天下午5点，他已经收到了好几笔投资意向。

一个无心插柳的动图网站就这么做起来了。2013年，即氚拿到250万美元A轮融资，2015年的B轮融资达到1700万美元，C轮融资，阿莱士募集到5500万美元，公司员工也从24人发展到60人。

"我们在改变人类交流的方式"

即氚刚建立的时候，阿莱士被问到将以何种模式变现时一脸茫然："动图网站的商业模式？我们没有这样的东西。"

随着网站的蓬勃发展，这个问题的答案越来越清晰。实际运作中，由于即氚在内容生成上的价值，赚钱并不是难事。阿莱士透露，他们可以根据网站用户的图片搜索内容划分不同的用户群，然后让广告商进行有针对性的广告投放，即氚则收取相关费用。即氚在网站上整合了很多聊天软件，这就给广告商提供了更多投放机会。

不过，这些广告费并不足以吸引阿莱士，他最在意的还是"好玩的内容"。

"人们对文字内容的消费不是同步的，一条新闻可能只是一小部分人的兴趣点，在一个小圈子内传播，然后就没下文了。而动图更容易引爆一种普遍的感情和想法，受众范围更广，所以可以瞬间流行开来。"

因此，阿莱士一再强调"不能只把即氛看成一个搜索公司，我们也是一个娱乐和内容生产公司"。

为此，即氛开发了一系列移动端应用，比如表情照相软件即氛相机、能把动图嵌入手机输入法的即氛钥匙、图像抓取工具即氛快捕等。这些应用的增值服务价格正在讨论中。

在阿莱士看来，即氛的独特之处在于提供的是"人类情绪搜索"，而且以一种重复图像的方式呈现。"当你拿起一张报纸的时候，像拿起一块世界的碎片。如果你拿着一种情绪呢？那会改变人类交流的方式。这些情绪显现世界的变化，即氛就是人们创作情绪的平台。"

即氛的开发团队正尝试创造第一个"人类搜索引擎"，阿莱士想把各个民族、各个群种的文化在互联网上展现出来，这个新产品听起来很令人期待。但眼下有件事也让他觉得很无趣，就是首席执行官的工作。"我本来只想创造新的事物，但是现在得安抚身边的人，让他们开开心心地为我工作。本想自己创造，结果变成保证别人创造。"

阿莱士是个爱玩的人，常说动图就像礼物。随着即氛的规模和名气日渐增大，这个自称永远年轻的"玩童"证明，好玩的产品与严肃的商业可以结合得很好。

（文 / 尹洁　胡小夸）

里德·霍夫曼：硅谷"人脉王"，卖的是关系

里德·霍夫曼给人的第一感觉是个"柔软的胖子"——宽大的身躯，厚厚的双下巴，戴着眼镜，总是笑眯眯的。但你千万别小看他，这个充满亲和力的家伙被称为硅谷的"人脉之王"，从美国总统到好莱坞的当红明星都是他的座上客，更不用说比尔·盖茨、扎克伯格这些改变世界的企业家。作为美国顶尖的创投者之一，霍夫曼投资或参与创建的公司有60多家，现在看来，其中最成功的"作品"就是领英。

2016年6月13日，微软宣布以262亿美元收购全球最大的职业社交网站领英。这不仅是美国科技界历史上最大的收购案，而且是一次"全现金"收购，这项交易为霍夫曼带来了29亿美元的个人收入。

"好价钱"是磨出来的

据霍夫曼自己透露，卖掉领英是一个艰难的决定。2015年，公司

在新技术研发上陷入困境，资金压力越来越大。霍夫曼觉得与其面对更高的风险，不如寻找一个合适的大买家。对股东来说，股权变现是更实在的利益，而且解除资金压力后，技术团队可以全身心投入研发之中。

凝聚霍夫曼多年心血的领英是非常抢手的。根据美国证券交易委员会披露的信息，除了微软，还有4家知名公司都想收购领英。为了把公司卖个好价钱，霍夫曼充分发挥了自己的商业才能——在与各求购方的谈判周旋中，促使对方不断上调每股收购价格，微软最后的每股报价比开始时提高了36美元。

从2016年3月份开始，霍夫曼频繁会见美国科技界巨头，试探收购意向。5月4日，微软提出了自己的收购条件：每股160美元，全部现金交易。两天后，领英董事会要求霍夫曼将价格提高到200美元。精明的霍夫曼没有继续跟谈判对手纠缠，而是直接去见微软的"太上皇"比尔·盖茨。在探讨了收购前景和潜在利益后，盖茨并没有给出确定的答案。

不过，得知消息的另一家求购方紧张了，他们在当天晚些时候重新提出了收购条件，不仅将每股报价上调到171美元，而且承诺一半以现金支付，一半以股权支付。又过了两天，微软做出了回应：每股涨到172美元。而霍夫曼则告诉董事会，他会努力使微软将价格提高到185美元以上。

果然，随着竞争对手不断抬高报价，微软也不得不一次次跟着提高价格。其至当微软的律师们已经草拟完收购合同时，霍夫曼仍然放出风声，称他"不准备支持与微软的协议"。终于，一家求购方开出了

200美元，但仍以现金加股权的方式支付。霍夫曼赶紧告诉微软："我们还没答应他们，希望你们也涨到这个价，或者接近也行，但要全部付现金。"

6月10日，微软将报价上调到每股190美元。霍夫曼决定再推一把，称每股196美元将是"最好的条件"。次日上午，微软CEO纳德拉传来消息，董事会批准了这个价格，承诺全部付现金，但"是最后上限"，并希望当天就签协议。领英就此花落微软。

"手段低级点又何妨"

霍夫曼很会聊天，他的外表和谈吐总能给人以信任感。而且不管你跟他聊什么——商业、政治、科技还是文化，他都能做到"无缝切换"。这种本事很难说是先天还是后天的，因为霍夫曼的童年称不上幸福。1967年，他出生在旧金山，父母都是激进的嬉皮士，结婚没多久就分开了。霍夫曼的父亲辞去了收入丰厚的律师工作，参加了委内瑞拉内战并牺牲在那里。母亲独自把霍夫曼带大。

18岁那年，霍夫曼考入斯坦福大学，开始研究符号系统这一新领域。他的社交才能逐渐展现出来，不仅是研究小组领头人，还当了学生会主席。硕士阶段，他在牛津大学读了3年哲学，最后决定放弃学术研究，因为他想改变的是现实世界。

当时"社交网络"的概念只存在于学术模型中，但霍夫曼已经预见到这个领域的前景。1997年，他创立了"社交网络"公司，是一个匿名的聊天平台，但很快就不行了。霍夫曼意识到，社交网站要想成功，必须让人们用真实身份注册。1999年，他加入网络支付公司Paypal，负责商业谈判。他自信"在与他人相处、拉近距离方面更有天赋"。Paypal非常成功，最后由eBay收购。2002年，霍夫曼再次进军社交网络，一个基于实名制和职场招聘的网站很快诞生，这就是领英。

数据显示，美国年轻人平均2年至3年就会换一份工作，因此对求职、招聘、职场社交的需求很大。最初的两年里，霍夫曼把主要精力放在用户数增长上。从一开始，他就引导用户上传自己的邮箱联系人列表，然后领英会给这些邮箱发送试用邀请。很多人对此不满，但事实证明这是吸引新用户最有效的方法。"人们可能会说，我讨厌这些该死的邀请邮件。但只要有效，手段低级点又何妨。"霍夫曼这样解释。

2006年，领英决定公开用户信息，只要在谷歌搜索某个人的名字，其主页就会出现在搜索结果的顶部。用户并没有因此离去，相反更多的人开始尝试领英。同时，领英也推出了增值服务，帮助用户建立和维系人脉。

2016年，领英拥有超过4亿用户，2015年营业收入近30亿美元，其中大部分来自会员增值服务。2011年领英上市，持有公司12%股票的霍夫曼大赚了一笔。在微软收购前，他的身家约40亿美元。

远离闹市的亿万富翁

"柔软胖子"的一大特点，就是将吃饭视为头等重要的事，尤其是早餐和晚餐。因为霍夫曼要在这两个时间段里进行商业会谈。但即使天天有饭局，他把朋友圈吃一遍也得花很长时间。

最高端的朋友当然是美国总统。2012年，在奥巴马谋求连任期间，霍夫曼捐了100万美元给民主党，从此和奥巴马搭上了关系。领英为白宫提供很多数据，全部来自网站收集的用户信息和招聘信息，这些数据在每年的政府经济报告中被作为重要参考。在霍夫曼看来，无条件地帮助奥巴马，就是在对世界施加影响力。

霍夫曼将今天的人称为"人脉网络人类"，他认为在这个时代，人们渴望自由，所以经常换工作，偶尔还要兼职，对创业的热情也更高，每一个人都想尽可能扩大自己的影响力。因此，尽管用户们对领英的"邮件轰炸"意见不小，却在不断完善个人资料，为找下一个工作做准备。

霍夫曼总是在各种场合强调人际关系网的重要性。他喜欢援引联合国的统计数字：今后20年中，全球需要6亿个工作岗位，而2016年的商业公司只能提供1亿至2亿个。霍夫曼认为，其余的职位将由创业公司来创造，而无孔不入的社交网络将使求职者充分展现自己。

现在，中国是领英增长最快的市场，霍夫曼每年都要来三四次。在北京的一次创业交流会上，他分享了自己的观点："如果你决定创业，一定要在6个月内做出可用的产品。为了达到这个目标，你可以让员工统一租房，同吃同住。除了睡觉和锻炼，其他时间都应该投身于工作中。"霍夫曼自己创业的时候比这更拼命，但跟员工的关系却非常融洽。他的管理理念是"多赞美，少批评，因为人都是有缺点的"。在他看来，与工作能力相比，大家彼此信任更重要，员工能力稍差也没关系，只要学习意愿强就好。霍夫曼要求自己"尊重任何看上去不太重要的力量",以及"把伙伴当成天才,他们就会更加努力"。

为事业奉献一切的风格也延续到霍夫曼的生活中。2004年结婚后,他和妻子决定不要孩子。"我最重要的事情还是事业,这也是我生活的主要动力。"生活中的霍夫曼被认为是反硅谷文化的典范。他和妻子住在远离市区的一套4居室房子里,作为亿万富翁,他既没有私人飞机也没有豪华别墅,唯一的奢侈品是一辆特斯拉汽车。在这位"人脉之王"的眼中,财富与他"改变世界"的梦想相比,简直不值一提。

(文/尹洁)

法哈德·弗拉迪:"世界岛王"卖岛屿也卖梦想

法哈德·弗拉迪,1945年2月生于德国汉堡,著名岛屿投资家,弗拉迪私人岛屿置业公司总裁,曾售出超过2500座岛屿,有"世界岛王"之称。

"岛屿的魔力如同梦幻逐渐笼罩了我。"1956年,英国著名作家、物种拯救家达雷尔在他的经典作品《希腊三部曲》中,深情描述了岛屿生活带来的美好回忆。

法哈德·弗拉迪(下文称弗拉迪)对此感同身受。他说:"在浩瀚海洋中,能拥有一方永远属于自己的恬静小岛,是生命中无比惬意和美好的梦想。一座能让人疯狂爱上的岛屿一定会让你有家的感觉。唯一不同的是,这些小岛没有门牌号码,它们是真正的人间天堂,每座岛都是一个独立的世界,都有一颗独特的灵魂。"

卖掉了2500座小岛

听说来自中国的环球人物杂志记者要采访自己,刚做完一次大手术、正在家中休养的弗拉迪立刻兴奋了起来。他说,对中国感兴趣,不只是因为这个市场巨大,还因为自己是"半个亚洲人"——他的母亲是德国人,父亲则来自中亚国家哈萨克斯坦。

弗拉迪从小就迷恋岛屿,梦想着在荒无人烟的小岛上做岛主。1971年,刚从汉堡大学经济学本科毕业的弗拉迪,正在德意志银行实习。一天,他无意中看到报纸上刊登了一则卖岛广告,印度洋塞舌尔群岛的一座小岛仅卖2000美元。"我突然意识到,我也能买得起一座岛了!这一瞬间改变了我的一生。"

弗拉迪迅速买了去塞舌尔的机票。当时的交通还不发达,等他多次转机最终到达塞舌尔时,那个岛已被炒到10万美元。没有买成岛,却花了一大笔路费,弗拉迪非常沮丧。但很快,他又兴奋起来,因为他意识到一个挣钱的机会就摆在他面前——买一座属于自己的岛,一定不只是他一个人的梦想。于是,他开始在当地收集岛屿的资料,准备把它们推销出去。

回到德国后,他想方设法进入各种高级派对,接近成功人士,问他们是否有兴趣买座私人岛屿。他没有任何资源,就靠口头推销他知道的岛屿,没想到很多人都表达了购买欲望。其中一位德国商人在没有实地勘探过岛屿的情况下,就答应买下弗拉迪介绍的3座岛,并付给弗拉迪5%的佣金。

那时候还没有岛屿经纪人这个行业,弗拉迪也不知道具体该怎么操作。为了做成这笔买卖,他联系了塞舌尔的一位律师曼卡姆。曼卡姆负责提供法律咨询,而弗拉迪则在德国和塞舌尔两头跑手续、签协议、走程序。

第二年,弗拉迪成功卖出了人生中第一座岛。没过多久,他成为塞舌尔15座岛屿的经纪人，并成功卖出了其中的7座。在弗拉迪的第一批客户中还曾经有一位伊朗王子，买下岛屿之后，这位王子特意在岛上修建了一条飞机跑道。1976年塞舌尔独立后，曼卡姆成为第一任总统。弗拉迪在塞舌尔的活动更加游刃有余，他也越发热爱塞舌尔了。

后来，弗拉迪又把目光投向了欧洲。他发现在苏格兰、爱尔兰以及法国布列尼塔一带，不但岛屿买卖自由，岛上还有很多宏伟的古堡，非常吸引人。不过，这些岛屿的信息并不公开，他不知道这些岛归谁所有，对方是否有意出售。为了搞清楚岛主身份，弗拉迪让飞行员带着他沿海岸线飞行，从直升机上仔细观察岛上的每一处地形、建筑，然后他再骑自行车沿海岸线走上一圈，和遇到的每个渔夫聊天，收集线索。一旦确定了岛主是谁，弗拉迪就找上门去。就这样，他在欧洲的生意也接踵而至。

从1972年至今，弗拉迪的公司已经出售了超过2500座岛屿，每年国际私人岛屿交易额突破1亿美元。弗拉迪告诉记者，他出售过的最便宜的岛是一座位于加拿大的500平方米湖心岛，只要1500美元，最贵的岛高达5000万美元。弗拉迪认为："最好出售的岛屿是那些靠海岸线不远，并具有永久产权的岛屿，面积至少在5公顷以上，岛上遍布茂密的绿树，最佳位置在欧洲西海岸或美国东海岸。"

为英国王子安排小岛蜜月

每年，弗拉迪都会花四五个月的时间周游世界，去寻找和考察可进入国际市场的私人岛屿，行程已超过 80 万公里。在他的办公室里，有整整一面墙的文件柜，里面存放着他接触到的所有岛屿的地图、照片、测量数据、交易历史、岛主资料、税费证明等。他建立了存储有1.2 万多座岛屿详细资料的信息数据库。这些资料让他对自己所从事的事业非常自信。弗拉迪公司中国大区总经理王海洋说："弗拉迪具有德国人特有的严谨和专注，脑子里装满了工作。"即使在飞机上，弗拉迪也忙着查看电子邮件，了解业务。2013 年，他摔伤了腿在家休息一周，只能通过电话与客户联系，但依然做成好几笔生意。

弗拉迪性格温和亲切，客户都很信任他。一位中国的潜在客户说："弗拉迪是个低调、细心的人，只开一辆普通的小汽车，一同外出活动时，他总是等我上车后再在一旁关上车门。"

在与客户相处时，弗拉迪总是非常周到体贴。他鼓励客户亲自上岛实地考察，让他们充分了解岛上情况、开发前景以及岛屿环境。只要有时间，他还会亲自陪同客户前往。他的客户有很多是明星和企业家，像好莱坞影星尼古拉斯·凯奇（下文称凯奇）、布拉德·皮特等。为名流服务并不轻松。凯奇就是个挑剔的客户。为了找到适合他的岛屿，弗拉迪陪着凯奇坐着直升机一趟趟地盘旋在各个岛屿上方，仔细地观察岛屿的形状和环境，适时为他介绍地理知识，但凯奇总是不满意。弗拉迪并不沮丧，一如既往地努力。最终在 2006 年，凯奇买下了巴哈马的一座小岛，并特意开了一场盛大的派对邀请弗拉迪和朋友们一起庆祝，而在这次庆祝酒会上，弗拉迪又收获了很多重量级客户。

除了岛屿买卖，弗拉迪的公司还为近 1000 位国际岛主提供私人岛屿的日常物业管理、岛屿开发规划设计和建设以及岛屿旅游出租等全套岛屿服务项目。2011年威廉王子和凯特王妃结婚后，很想在某个岛上度蜜月，弗拉迪为他们挑选了塞舌尔北岛并全程安排了他们的行程。但对于这笔生意，弗拉迪不想透露太多，他说："我必须遵守同客户签署的保密协议。"

岛屿是滋润心灵的良药

在弗拉迪眼里，买岛并不是有钱人的专利。他说："我曾经帮助一个只有5万美元预算的德国工人买下一座岛，而另一名顾客在同一地区，也只花6000美元就买了一座迷你岛。所以，不一定要等你成了百万富翁，或者像鲁滨逊一样遭遇海难才能当上岛主。"当被问到为什么人们喜欢买岛时，弗拉迪给出了令人意想不到的答案："很多年前我就在翻阅我的客户记录，试图找出这些人的共性来。他们的背景、地位完全不同，但有一点是相同的：他们都是个性非常独立的人，都希望能拥有一个私人的、独立的、安静的地方，把自己从循规蹈矩的生活中解脱出来，并在这个地方留下自己的印记。"而每一座岛屿都是一个完全私密的独立生态环境系统，并带有其主人的独特气质，这一点是全球所有陆地区域都无法比拟的。

在辛勤工作10年后，弗拉迪也买下了属于自己的第一座岛——新西兰马尔堡海峡的福塞斯岛。拥有私人岛屿，对于许多人而言都是一个梦想，而对弗拉迪来说，这个感觉更加强烈。"在买下了我自己的第一个岛屿之后，我才真正感受到拥有一个自己的岛屿意味着什么，那就是：超越梦想！"后来，他又陆续购进了几座岛，包括美国的达克岛。但他最喜欢的还是福塞斯岛，"那座岛实现了我小时候的梦，走在上面就会觉得自己是鲁滨逊"。他的小女儿也非常喜欢在岛上游泳、喂羊。只要到了岛上，弗拉迪就会把生活方式自动切换到自然模式，日出而起，日落而息。他会和全家人一起乘船探索整座岛，"那感觉就像是在看迪士尼的动画片，棒极了"。弗拉迪说："私人岛屿对我而言，是滋润心灵的灵丹妙药。"

但弗拉迪并不建议岛主全年待在岛上。他有个客户是位隐士，在福塞斯岛旁的一座小岛上住了40年。"不过，并非人人都能成为隐士。"弗拉迪说，"在开发和管理我自己的岛屿过程中，我的经验是：不要全年留在岛上，有9个月时间就够长了。另外3个月里，应该回到大陆上生活，这样就不会与现实生活太过脱节。"

推介过溥仪老师的岛

通过40多年的实践经验积累，弗拉迪制定出评估国际私人岛屿的12项指标，每一项为2分，共24分，只有总计超过16分的私人岛屿才有可能进入国际岛屿交易市场。"全球范围内仅有5%的私人岛屿能够达到此标准。很遗憾，中国内地的岛屿都不包含在这5%之内，因为中国的岛屿能买卖的只是使用权，而没有产权。"

实际上，弗拉迪早就在研究中国岛屿了。王海洋说，弗拉迪喜欢收集地图，包括中国古代及现代的地图。国家主席习近平访欧，时任德国总理默克尔赠送给习近平主席一幅1735年德国绘制的第一幅精确的中国地图，而弗拉迪手里就收藏了一张一模一样的地图。

弗拉迪也有很多中国客户，他告诉记者："国际私人岛屿市场对中国人是非常有吸引力的，因为这是一个可获得高额利润的新兴投资领域。中国客户面临的最大问题是如何选择正确的岛屿，仅通过看照片选择岛屿是不容易的，最好是能赴岛屿实地考察。"

弗拉迪推介过一个与中国有特殊关联的英国私人岛屿，原岛主是中国末代皇帝溥仪的英国老师庄士敦。庄士敦曾在北京故宫陪伴溥仪8年，他撰写的《紫禁城的黄昏》一书风靡全球。后来，庄士敦用这本书的版税购得了这座面积达105公顷的海岛，还在岛上建造了原汁原味的皇家四合院，称这个岛是"英国的小中国"。弗拉迪说，这座岛"不仅很有投资价值，还包含着一个浪漫的中国梦"，"我卖的不仅是岛屿，还有梦想"。

（文/黄滢　梁文蓓）

斯特·里奥斯：卖便宜货赚大钱

自伦敦的易捷超市开张以来，英国人就疯狂了。门外排几十米长的队伍，路人还以为到了苹果手机店门口。排队的人自带各种大背包、大口袋，进去就疯狂地抢，抱着不买肯定亏的心态"扫货"超市。开张两个月，易捷超市每天不到下班时间就被抢光。

易捷超市的成功在于两个字：便宜。开业期间，所有商品一律25便士（约2.5元人民币），而英国现在的物价是买两个辣椒都要1英镑。店里一共76种商品，所以顾客只需要花19英镑就能把店扫一遍。等过了开业促销期，商品价格会涨到50便士，不过这还是很便宜。

超市老板是家大业大的英国爵士斯特·里奥斯，他拥有的大集团易捷，产业遍布各个行业，除了新开的超市，还有易捷租车、易捷健身房、易捷酒店、易捷办公室、易捷航空。当然，所有的公司都走廉价路线。

开家"食品银行"

易捷超市位于伦敦西北部，货架上是清一色的速冻食品，罐头汤、意面酱、黄油饼干、微波披萨，英国人冰箱里常储备的速食都能在这里找到。"顾客最喜欢的是罐头和速溶咖啡。"商店的工作人员说，"在普通的超市里，这些东西大概卖1.97英镑一件，而在我们这儿，同样的价钱买8件！"其实，普通的廉价超市英国也有，最有名的是一磅店 Poundland，不过和易捷一水儿25便士的定价相比，根本毫无竞争力。

里奥斯轻轻松松地表示：我们的食品进价原本就低，易捷超市只是真实地展现了它们的价格。并且这里的商品从来没有花哨的包装和噱头，番茄酱的纸盒上只是简单地写着"番茄酱"字样，意大利面袋上就印着"意大利面"。店内也不提供购物篮，店铺基本没有装修，布置陈设一切从简，有顾客说像是置身工厂车间。

"如果你想买绿色、健康的食品，很容易找到很多其他卖家。而易捷超市提供的食物都是生活中最常见的、人们最爱吃的东西。我们不是为了向人们宣传什么生活方式，只是简简单单提供人们喜欢的廉价食物。顾客可以很方便地来到店里，随意挑几件自己喜欢的商品，然后继续做接下来的事情。"

易捷超市确实击中了不少人的痛点，开业几天后就嚣张地登上新闻头条，"它关门了，因为经营得太好，每天早早就卖断货！"面对这样的情景，里奥斯说这是他一直以来的梦想——开家"食品银行"，让更多人能吃上饭。

里奥斯出生于希腊的富裕家庭，父亲拥有一个规模巨大的船舶公司。里奥斯被父亲送到英国念书，25岁时，他用父亲给的3000万英镑，创建了属于自己的 Stelmar 船舶公司。后来 Stelmar 上市，最终以13亿美元出售。易捷是里奥斯的第二家公司，他因此而闻名。

因为对英国商界的贡献，里奥斯被女王授予骑士爵位。和很多有悲天悯人情怀的英国贵族一样，里奥斯曾经推出了一系列慈善活动，为贫困人群提供免费的午餐点心，还计划开一家公共咖啡馆。他的商业模式也受此启发，"易捷超市，以及整个易捷集团的宗旨就是，为大众而不是少数有钱人服务，让顾客用更少的钱获得相对高价值的商品"。

让坐飞机像坐大巴一样

在易捷集团众多业务中，最有国际知名度的是廉价航空公司。易捷航空是欧洲最早的廉航之一，也是迄今最出名的一个。当年卖掉Stelmar后，里奥斯琢磨着再开一家公司，他对英国独特的地理位置有一些想法，因为是岛屿国家，在欧洲大陆流行的开车旅行，由于隔海受到了限制。里奥斯由此获得创业灵感，"让坐飞机像坐大巴一样简单便捷"。

1995年，易捷航空成立，最开始的运营依靠两架租来的飞机，第一个目的地是苏格兰的工业城市——格拉斯哥，以29英镑推出超低价航班，广告口号是"伦敦至格拉斯哥，比一条牛仔裤还便宜"！这一招立刻在商务人士和散客中取得成功，航班全部客满。

里奥斯没有被火爆的生意冲昏头，他清楚地意识到，因为机票价格太低，公司要营利，首先面临的问题就是控制成本。他大胆地对易捷航空进行改革，削减了不必要的装饰，不再提供座位安排服务，也没有行李转运，还取消了纸质机票、登机牌——旅客可以通过网络确认信息登机，以节省机票印刷和邮寄的花费。另外，公司还鼓励员工穿得随意些。和其他英国航空公司的标准制服相比，易捷员工的穿着个性化许多，这又给公司省下一笔。

有意思的是，因为一部分服务被削减，空出来的时间又全被排上了航班，每天的班次都满满当当，却更有助于他们的成本优势。因为机队和地勤人员能被调配得更好，同一时间段干的活更多，工作效率提高，反过来又降低了单位成本。

另一方面，里奥斯开辟了一些附加收入渠道。让旅客感触最深的是，机场和机舱内专设高额收费服务。在线选座、超重行李托运、飞机上的咖啡和餐点都"价格不菲"，费用加起来可能比一张机票都贵。再比如，他们的登机口有个小格子间，用来测量随身行李箱的大小。如果你的箱子塞不进去，尺寸超标，那就得付上额外费用为此买单。因为各式各样的收费服务，连易捷自己的空乘人员都会跟旅客打趣，"这里一切都要收钱"。

最初人们对易捷航空印象糟糕，认为那里只有破旧不堪的飞机，让人倒胃口的食物，还有高额的附加费用。里奥斯采取了一项不为人注意的心理战略，易捷花好几亿美元买了新波音飞机；员工虽然穿着随意，但永远微笑让人愉悦。"我们的成本低廉，票价便宜，服务不算顶级，但也超出了许多顾客的期望值，他们乐在其中。"

里奥斯的战略很奏效，易捷航空大获成功，掀起了欧洲联航革命。因此，里奥斯将易捷航空"便宜快捷"的商业模式延伸到了租车、酒店、健身房等行业，这些"化繁为简"的服务，受到了英国大众，甚至欧洲民众的欢迎。

（文/毛予菲　周润丰）

汉斯·瓦尔：德国"厕所大王"，年赚两个亿

汉斯·瓦尔，1942年生于德国南部的斯图加特，1976年创立Wall AG公司，专注生产电话亭、公共座椅、汽车站等公共设施，卖广告的公共厕所是其最著名的产品。

1990年柏林公共厕所经营权拍卖会上，汉斯·瓦尔跟政府豪言：把公厕包给我，我来管，保证所有市民免费使用干净卫生的厕所。竞争对手都傻了眼，认为瓦尔肯定是疯了。他们算了一笔账，因为设备购置、清洁维修等巨额开支，即使每用厕所一次收费0.5欧元（折合人民币4元），一年光柏林一个城市就得赔100万欧元。

让竞争对手大跌眼镜的是，20多年运营下来，瓦尔赚大发了，仅在柏林、法兰克福等5座城市，每年纯利润就有3000万欧元。很显然，瓦尔不指望每人0.5欧元的"苍蝇腿"，公司营利靠的是在厕所墙上做广告。里面是免费的厕所，外面是赚钱的海报，这就是"厕所大王"瓦尔的生意经。

连香奈儿也愿意做广告

进军厕所界是瓦尔心里早盘算着的广告生意。带着这样的想法,他做了一次市场调查。德国有"厕所大国"的美誉。政府规定,城市繁华地段每隔500米必须有一座公厕;普通道路每隔1000米应建一座;其他地区每平方公里要有2座至3座。有人计算过,德国城市"公厕率"是平均每500人至1000人享有一座。这在其他运营商眼中是负担,对于瓦尔,数量多基数大成了优势。

另一个让瓦尔义无反顾接下"烫手山芋"的原因是,他看中了政策红利。德国公共事业走市场化路子,城市公共交通、城市环保都是通过拍卖承包给私人公司运作。瓦尔很早就开始跟政府打交道,他的公司Wall AG成立于1976年,生产电话亭、垃圾桶、街头座椅等公共设施。在德国经营公共事业的企业,政府肯定会在政策上开绿灯。瓦尔揽下公共厕所,每个月也只需象征性地支付给政府很少的管理费用。

所以当瓦尔包下公厕,政府大方地将外墙广告的经营权交给了他。瓦尔并没有急着揽商家,他先是找来意大利、德国、日本的知名建筑师为厕所做各种设计。街头漫步,你可能会偶遇高科技材质打造的"太空屋",走进厕所看到火辣嘴唇造型的便池,还有撩起短裙的时尚女郎贴纸,很让人"赏心悦目"。瓦尔别出心裁地称它们为"城市家具"。

让很多人匪夷所思的是：即使再美，厕所墙上做广告，会不会太掉价？但事实上，来做广告的很多都是数一数二的大公司，比如电子产品企业苹果、诺基亚、三星，甚至时尚大牌香奈儿。瓦尔的武器就是低价——收费仅有相同地段广告牌的一半。这么大的便宜，平常姿态再高的客户都撸起袖子抢，尤其是在机场、旅游景点和商业街等客流量高的繁华地段。

地段佳、价格低，瓦尔的厕所广告生意风生水起。

天马行空的作风

瓦尔出生于德国南部的斯图加特，父亲是东普鲁士人，母亲在农场长大。瓦尔九年级时潇洒地辍了学，任性地走出去看世界，做了一名实习机械维修工，绕了一圈后才回到学校完成了学业。

瓦尔的厕所生意和他天马行空的作风有点像。大大小小花花绿绿的厕所屋里，最有意思的是卷纸。德国人有在厕所阅读的习惯，甚至愿意在干净舒适的厕所小憩。瓦尔就干脆在长长的卷纸上印了文学作品和广告，以供人们如厕时消遣。如果你想买回家，那也没问题。他们将一整本书的内容，化整为零收录在12卷手纸上，一卷一章，这样你买一打手纸，就可以抱回去一整部小说，安安静静坐在你家马桶垫上仔细品读。有人觉得这只是个噱头，其实已经有德国作家特地跟瓦尔联系，希望自己的作品也可以出现在公共厕所的卷纸上。

瓦尔的多元化厕所经营不仅这些。他们与很多公司展开合作，比如在厕所里装上公用电话，向通信运营商收取一定的提成；持"国际通运卡"的顾客，可以刷卡消费。现在，瓦尔经营的厕所还和商场周边的饮食经营者合作，去他那儿上厕所，就能拿到赠餐券。等顾客拿着赠餐券去了餐厅，瓦尔公司就能拿到返利。

瓦尔还修建了一批高大上的"概念款"豪华公厕，为一小部分有特殊需求的人提供个人护理、为婴儿换尿布、皮鞋擦拭，甚至按摩、听音乐等专业服务。当然，它们都需要付费。这些堪比五星级酒店体验的公厕数量不多，但此举提高了公司声誉，也赚足了眼球。

瓦尔着实是一把营销好手，他稍微一动脑筋，请来市长为他站台，轻松登上了报纸。柏林市中心曾有一座建于19世纪末的公厕，老柏林人亲切地称为"阿赫台克咖啡馆"。第二次世界大战后，这座古董级的公厕破旧不堪。瓦尔花了10万欧元修复，保留下古色古香的风格。他没在这座厕所外做广告，而是在修复完成后剪彩揭幕当天，举办了盛大的宣传活动，请来柏林市长助兴。聪明的瓦尔放弃了一笔广告收入，换来一次公益机会，为公司塑造了良好的公益形象。

"这是一个大魔术箱"

即使营销花样多，瓦尔也没放松公厕的成本管理。因为分布不集中，修建和运营公厕的成本不低，他把焦点放在清洁上，为所有厕所安装了自动清洁装置，这样可以减少清洁工数量，节省劳力成本。

在产品经营上，瓦尔追求极致。他成立的管理车巡查队，每天雷打不动地对所有公共厕所进行3次检查，每座城市都有20辆应急车24小时巡视，无论哪里的厕所出了问题，他们必须第一时间赶到。

依靠新颖的思路、精细的管理，瓦尔公司取得了巨大成功。早在20世纪90年代，瓦尔公司便开始进军美国，在纽约市政厅前盖起了残疾人专用厕所。后来，莫斯科和伊斯坦布尔街头也出现了瓦尔公司的产品。如今，职工数从1990年的76人猛增到700人，销售额增加到8800万欧元。2003年，公司还战胜了宝马和奔驰，被评选为德国最具创意的企业。瓦尔说："这是一个大魔术箱，我和普京谈了一次就获得了俄罗斯部分城市的公厕经营权。"

瓦尔的厕所已经成了德国街头一景。全世界的观光客来到德国，都要进去体验一把。但瓦尔并不满足于此，他不断扩大自己的厕所帝国，打算将"厕所计划"推向整个欧洲。

（文／毛予菲）

川久保玲：开快闪店"打游击战"

如果你在街角看见这样的一家店：门面上印着国际大牌 Logo，走进发现，店堂的装修并不华丽，一排排高档成衣、名贵包包摆放得紧凑甚至拥挤，有点像大排档。不过这可不是一家水货店。仔细看看，这里的过季产品有 30%—50% 的优惠，但都是货真价实的奢侈名牌。一个月后，又拐到这家店的时候，你也许会再次尖叫——该店已人去楼空，犹豫不决的包再也回不来了。

这种在特定地点、利用有限时间给大众带来不一样购物体验的"游击快闪店"已经悄悄出现在了各个角落。快闪风潮席卷全球，成为从优衣库到爱马仕都青睐有加的营销手段，这要归功于日本时尚教母川久保玲。2004 年，她在德国给自己创立的品牌 COMME des GARCONS 开了第一家快闪店，一年后"准时"关门。随后，这就成为川久保玲的品牌拓展战略，陆续在巴塞罗那、赫尔辛基、雅典、斯德哥尔摩、新加坡、纽约等开了 20 多家店。现在，打游击快闪战术的时尚品牌还有耐克、香奈儿、路易威登等，以此刺激消费、宣传造势。

"我造衣,我也是生意人"

当然,更多人知道川久保玲是因为她的设计师身份。20世纪的日本诞生了两位国宝级设计师,一个是山本耀司,另一个就是这位永远一身黑,留一头不对称齐肩短发的"川姨"。COMME des GARCONS 成立于 1973 年,20 世纪 80 年代,她带着名不见经传的作品踏上巴黎秀场,时装巨头们都惊呆了。模特发如枯草,身着破洞黑衣,弥漫着乞丐风。法国设计师"老佛爷"却认认真真称赞"她改变了时装美的定义"。

保持战斗状态的除了设计作品,还有川久保玲本人。美国时尚界给了她"流行先锋"的称号,赞美她在服装设计上开创新意,在经营品牌时也独具慧眼。她曾说,"我造衣,我也是生意人"。

2004 年,川久保玲的第一家快闪店开在柏林旧城区。丈夫约菲陪她一同去德国考察。约菲说,他们被旧城区的真实感深深吸引,尤其是一家叫 MonsieurVuong 的越南面馆,年轻人和老年人聚集在这里。还有 Elternhaus 俱乐部,是艺术家的聚会胜地。"没有豪华的装饰,但满足感令人很愉悦。"

当年 10 月,川久保玲和约菲就决定,在这里开一间同样有情调的店,售卖自己的品牌服饰。他们选了一家旧书店,花 700 美元租下 65 平方米的小门面。但拟定的计划是只开 1 年,用不那么昂贵的方式卖过季成衣。不仅租金低,其他成本把控更严格。装修费仅 2000 美元。

为了更有当地特色，川久保玲请来越南面馆的老板一起装修，还冒险让一个学建筑设计的学生一同经营。有人说，正是因为旧城区的时装店颠覆了传统商业区的地点崇拜，平民集市风格与奢侈风格的反差效果强烈，商品放在很低的桌子上展示销售，闲逛的顾客们很容易动心带两件回家。

很多年后的采访再提到快闪店的创意，川久保玲说，因为创新才是 COMME des GARCONS 宗旨。"不管我们做什么，一件夹克、一份邀请函、一家店或是一个策略，都会力争发扬这个宗旨。快闪店也是出于这样的考虑。"当商店销售正热时硬是把它关掉的确是一件很蛮横的事。但时装是"朝生暮死"的行业，往往在体会成功的那一刻就是开始走下坡路的时候，因此不能居安不思危。

"漫不经心"藏商机

游击快闪店的成功远超川久保玲的预料，短短 1 年清空了库存，并且凭概念营销收获了新用户。她开始打游击战，先后在全球 20 多个城市攻城略地、屡战告捷，库存货都成了销售神话。此前，COMME des GARCONS 只是一家年销售额仅有 1.2 亿美元的小时装公司，游击快闪店帮助公司实现了 30% 至 40% 的业绩增长。

川久保玲早就意识到，人们对在全球都能买到的东西已经厌倦。那快闪店便能最大程度地给时尚保鲜。首先，川久保玲的快闪店强调时间限定，周期严格把控在 3 个月到 1 年，就算再火爆，也要遵守这个期限。时间一到,就只能再等新鲜的下一站。

地点和款式也有限定。无论是在巴黎、纽约还是东京时尚之都,川久保玲的店铺全部开在冷门地点,躲开城市中心,远离成熟商业区。这代表一种反叛、逃离,但吸引了真正的时尚潮人,好奇心强的人也会去一探究竟。除了出售过季品,有些店铺专门卖限定产品。在川久保玲看来,一切稀缺的东西,都能让顾客更有购物冲动。

仅有店铺装修是没有定律、天马行空的——造价不高,但风格各异,比如充满诡异蓝光的玻璃房子,就像是当代艺术空间。川久保玲要在有限的时间和空间内,给刁钻的消费者制造足够惊喜。

川久保玲的另一个愿望是,她的快闪店也能出售其他设计师作品,"每个人的独特风格都可以在这样的一个大环境下聚集在一起"。2008年9月到12月,东京的一家COMME des GARCONS快闪店展示了路易威登的6款限量版手袋,赚足噱头。

说到底,一家说来就来、说走就走的游击快闪店,其实需要长期的规划、创意和选址,这些细节都不像它的形式那样随意又漫不经心。

来点新尝试

COMME des GARCONS游击快闪店的走红让很多独立设计师和品牌眼红,颠覆传统零售的营销模式被迅速克隆。而现在的游击快闪店,更像是COMME des GARCONS的升级版。它们时间更短,两个月、两个星期,甚至两三天。这些品牌花钱盘场地、装修、请员工,并不指望在短时间内回本营利，而是为营销制造话题。

快闪店的选址也越来越多样化，很多品牌开始尝试在广场、街头、购物中心等人流量大的繁华地段定期设立店铺。还有更特立独行的。2011年，服装快消品牌H&M的一家快闪店出现在了荷兰海牙的席凡宁根海滩，一共就开了两天。这家店铺的合作者是水援助组织，是一家国际非营利组织，致力于通过改善供水渠道以及卫生系统来提升人们的生活质量。H&M的海滩快闪店颇具公益性质。

而在店铺风格上都一致追求COMME des GARCONS的标新立异，比如2012年登陆波兰波兹南市广场的TRIWA手表快闪店，将一辆由900多个硬纸管搭成的坦克开进了商场。H&M的海滩快闪店，其实就是一个大号集装箱，让所有路过的人耳目一新。

除了售卖不同商品，快闪店形式也更有创意。2014年，美国设计师马克·雅可布在纽约为Daisy香水开了一家快闪店，然而里面根本不卖任何商品。在这间为期3天的快闪店里，顾客可以修指甲、听音乐、逛马克·雅可布的新品，如果你看上了哪一款，必须在脸谱、推特等社交媒体上传店铺照片才能换取。3天后，快闪店准时关门，那些照片却继续在社交媒体上流传，给马克·雅可布的新品又宣传了一番。

（文/毛予菲）

舒尔茨:"星爸爸"成功就靠"人情味"

2018年6月,星巴克集团的全球35万名员工得知了一个有点忧伤的消息:被称为星巴克灵魂人物的霍华德·舒尔茨宣布辞去董事长职位。

时年65岁的舒尔茨被外界视为"能把咖啡磨成金子"的人。他1987年成为星巴克CEO,将企业打造成在77个国家拥有超过2.8万家连锁店的巨头。有消息称,卸任后的舒尔茨有意竞选2020年美国总统。对这个传闻,舒尔茨表示:"除了竞选总统,我还有很多事可做。让我们拭日以待吧!"

离职前,舒尔茨来到位于美国西雅图派克市场的全球第一家星巴克店,摘下了属于自己的绿色围裙,然后在墙上写下一句话:"这是梦想开始的地方,一切都源于一杯咖啡。"

"我在上帝的国度"

舒尔茨在童年时从没做过老板梦,那时咖啡在他的生活中无足轻重。

1961年,他的父亲在工作时跌断了脚踝,此后一段时间一直裹着石膏,不能出去工作,一家人被抛入了社会底层。大学毕业后,舒尔茨在纽约做起了推销员,并像其他普通人一样建立家庭,过起了平淡的小日子。

1982年,舒尔茨在纽约曼哈顿买了一处公寓,彻底告别了廉租屋。在此期间,他注意到一件奇怪的事:西雅图的一家小零售商从他手里订购了大批咖啡研磨机,甚至超过了纽约最大百货商场的订货量。经过调查,舒尔茨发现这个零售商是一家名为星巴克的小店,专门售卖咖啡豆。

怀着好奇,舒尔茨去西雅图考察星巴克。推开店门的瞬间,他发现自己进入了咖啡的殿堂:柜台后面摆放着一罐罐来自世界各地的咖啡豆,墙上陈列着从他那里买来的咖啡研磨机。为了证明所售咖啡豆的品质,店员专门为舒尔茨冲了一大杯热腾腾的咖啡。

"这是我品尝过的最浓烈的咖啡。"舒尔茨说。他像发现了新大陆一样,开始没完没了地向店员询问:关于星巴克公司的一切,关于世界各地的咖啡种类,关于不同咖啡的制作工艺……最后,在楼上一间阴暗的屋子里,舒尔茨见到了星巴克的老板——杰瑞·鲍德温和戈登·派克,二人是好友。1971年,星巴克在他们手里开张,但不卖现成咖啡,只出售咖啡豆,店员冲咖啡的目的是吸引顾客前来。

在舒尔茨看来,星巴克是有魔力的,而自己应该成为这种魔力的一部分,他马上给妻子打了个电话:"我在上帝的国度!"

在意大利受到启发

接下来,舒尔茨用了1年时间才说服杰瑞·鲍德温聘请他成为星巴克的市场营销高管。此后几个月,他整天在柜台后面忙碌,接待顾客,深入了解不同口味的咖啡。

1983年春天,舒尔茨去意大利米兰出差,那里有许多咖啡店。舒尔茨发现,这里的店员会跟每一名顾客寒暄,而且彼此都能叫出对方的名字。咖啡店里播放着音乐,人们像老朋友一样聊天,一起享受好时光……在这种氛围里,舒尔茨心中涌出一个念头:只卖咖啡豆的星巴克缺少人情味,而人情味正是美国人生活中缺乏的东西,自己或许可以为顾客增添一种新的消费体验。

为了说服老板供应现磨咖啡,舒尔茨又花了不少时间。1984年4月,星巴克终于开了第一家既销售咖啡豆,也提供咖啡饮品的店铺。

开张那天早上,天气阴冷得有些反常,空中飘着毛毛细雨。舒尔茨提前一小时来到店里,紧张不安地透过落地玻璃窗向外张望。7点整,他打开店门,一些路过的上班族好奇地踱了进来,只见店员一边麻利地调制咖啡,一边笑逐颜开地向顾客介绍产品特色。拿铁、卡布奇诺这些后来大众耳熟能详的咖啡名称,都是在这天早晨被介绍给美国人的。

舒尔茨观察着顾客们喝第一口咖啡时的表情。许多人把眼睛睁得大大的,这是对口味浓烈咖啡的正常反应。在适应了一会后,他们开始享受醇美的口感,并赞不绝口。看着眼前的景象,舒尔茨感到星巴克的历史就要发生巨变了。

"鲑鱼"吞下"鲸鱼"

然而,接下来的事情没有按照舒尔茨的计划发展。虽然卖咖啡饮品的尝试取得了成功，星巴克的老板并不支持他发展这项新业务。愤懑之下，舒尔茨离开了星巴克，自立门户。他给新公司起名"天天"，计划募集至少40万美元的创业基金，先开一家咖啡店试水，如果发展顺利，再筹措125万美元，继续开8家连锁店。

1986年4月8日是第一家"天天"店铺开张的日子。舒尔茨早早来到店里，忐忑不安。早上6点半，第一位顾客已经等在门外，进店后直接买了一杯咖啡，随后顾客越来越多，大家亲切地跟舒尔茨打招呼、聊天，这种气氛正是他想要的。

生意虽然不错，舒尔茨的创业基金却很快用完了。他接下去花了两年时间，才募集到实施第二步计划所需的全部资金。其间，他向242个人借过钱，其中217个都拒绝了他。据舒尔茨回忆，那段日子里，他就像"一条夹着尾巴的狗"。

当年8月，弹尽粮绝的舒尔茨决定去拜访西雅图3位最有名的企业领袖。这次会见在西雅图最高的商务大厦顶层举行，为了平复自己狂乱的心跳，舒尔茨绕着街区走了3圈才上去。他的游说大获成功，3位企业家砸下了75万美元。今天，这些最初的投资者已经获得了超过100倍的回报。

解决了燃眉之急的同时，舒尔茨获得了一个消息：他之前的老板准备卖掉星巴克。舒尔茨当即决定收购，但星巴克的规模比"天天"大得多，这就好比一条鲑鱼要吞下一头鲸鱼，投资者们再次把信任票投给了舒尔茨，为他凑足了收购所需的400万美元。

1987年一个阳光灿烂的下午，舒尔茨签署了收购星巴克的文件。然后他去了自己曾工作过的店里，跟员工打了个招呼，坐在靠窗的一张凳子上。此时,他已经从当初的雇员变成了CEO。

指责特朗普"成天制造混乱"

收购星巴克期间,舒尔茨父亲的肺癌开始恶化。父亲临终前,舒尔茨握住他骨瘦如柴的手,想起这只手曾经教他打棒球、投橄榄球……父亲曾尽最大的努力去改变生活,但还是换不到一个有尊严的栖息之地,舒尔茨对此一直感到很痛心。他把对父亲的这种责任感投射到每一名星巴克员工身上,他想让所有雇员共同拥有星巴克。

在当时的美国,股东利益最大化是压倒一切的原则,压缩成本和解雇员工的措施总会让华尔街发出一片叫好声。舒尔茨领导下的星巴克却走了一条少有人走的路:为员工支付全额的健康福利费用,向每一名员工赠送企业股票。

之后几十年中,星巴克的员工把公司当成了自己的家,努力要把它经营好。公司生意越来越红火,舒尔茨的名气也越来越大。1992年,星巴克在美国纳斯达克上市,股价一路走高。有了大笔资金可用的舒尔茨,开始让星巴克以不可思议的速度向全球蔓延。时至今日,不仅在北美,而且在欧洲、亚洲,星巴克的绿色标志都是辨识度极高的商业标签。当年的小商铺已成为全球首屈一指的巨头,2017年的营业收入达到224亿美元。

由于对员工福利的重视,对种族、移民等问题持积极包容态度,舒尔茨一直被美国媒体视为"进步派"商业领袖。2017年,星巴克宣布将在未来5年雇用1万名难民员工。

在政治立场上，舒尔茨长期支持民主党。他是曾任美国总统特朗普的尖锐批评者，指责特朗普"成天制造混乱"。据媒体披露，舒尔茨曾痛心疾首地对员工表示，美国的道德与价值观已"如临深渊"。在很多经济问题上，他与特朗普政府也持相反观点。比如舒尔茨明确表示，向中国提高关税对美国就业问题于事无补。当然，特朗普也反呛过舒尔茨，甚至说："我们是不是该考虑抵制星巴克了？"

舒尔茨对商业上的成功曾自豪地说，顾客只要喝一杯星巴克咖啡就可以获得片刻宁静。这正是隐藏在商业背后的文化价值：在这个被利益充斥的时代，人们更加渴望自己的心灵能被什么东西所触动，或许正是一杯令人回味的咖啡。

（文／刘晓阳　徐力婧）

香奈儿："梅开二度"的反叛先锋

法国奢侈品牌香奈儿已经有100多年的历史了。直到今天，香奈儿在全球时尚界仍备受追捧。而且，香奈儿美妆系列还正式进入中国电商市场。

"时尚会逝去，风格将永存。"这是香奈儿创始人加布里埃·香奈儿的名言。在法国，有3个人的名字是不可磨灭的：戴高乐、毕加索和香奈儿。作为其中唯一的女性，香奈儿的人生波澜壮阔，《时尚先锋香奈儿》《香奈儿的秘密》等都是以她为原型改编的影视作品。

香奈儿一生与时尚紧密相连，她说："时尚不仅仅指服装而已。时尚存在于天空中、街道上。它和观念、生活方式以及各种变化都有关系。"这是对时尚最精辟的概括之一。她坚持自我，因为"最勇敢的行为就是仍然坚持为自己着想"。她特立独行，因为"想要无可取代，就必须时刻与众不同"。

一身酷劲儿

香奈儿有一个悲惨的童年。她出生在法国索米尔，12岁失去母亲，父亲丢下儿女跑得无影无踪。香奈儿的两个弟弟因为可以当劳力而被人收养，她和姐姐、妹妹被亲戚送到了修道院，饱尝了人间冷暖。

18岁时，香奈儿去了一家缝衣店当裁缝。她技艺拔尖，走针利索，靠这门手艺足以谋生。但香奈儿不愿意一辈子当个小裁缝。待了一年半，她就拿出了所有积蓄，在贫困区租了一间房，坚决搬了出去。

1904年，一位咖啡厅的老板看中了香奈儿的美貌和社交能力，高薪聘请她做驻唱歌手。香奈儿有了艺名"Coco（可可）"。靠着美貌与才情，她进入了富豪圈。然而香奈儿不愿做依附大树的菟丝花，她更希望以一技之长赢得尊严。1910年，在男友、法国贵族艾蒂安·巴尔桑的资助下，香奈儿开了属于自己的衣帽店。

香奈儿从没学过设计，仅凭着自己对时尚的理解将衣帽店经营得风生水起。每次去马场骑马，她用各种蕾丝、彩带、帽檐布和嵌布装饰帽子，骑着马遛一圈，就是活广告。贵妇名媛们都喜欢这些别出心裁的设计，总是找香奈儿帮忙，将帽子装饰得更漂亮。

此前巴尔桑并不相信她能做成生意："巴黎最不缺卖帽子的！"但一次两次是偶然，十次八次是人缘，几十次上百次可就是商机了。香奈儿抓住了这一线商机，占据了巴黎时尚界的一席之地。

只做帽子绝不能满足香奈儿对时装事业的雄心，她决定进军高级定制的领域。1914年，香奈儿开设了两家时装店，对后世影响深远的时装品牌"香奈儿"宣告诞生。

当时，女性的服装是古典的、浪漫的，也是繁琐的、奢靡的。女帽有着宽大的檐边和堆砌的羽毛，裙装则有把人能勒断气的胸衣和高高的裙撑。香奈儿的时装呢？像男式西装的女性套装、运动服、针织面料，用现在的话说就是"糙汉子风"。

灵感从哪儿来？为什么一个没正经上过学，也没正经从过商的姑娘能颠覆一个行业？她是怎么了解客户的？答案是：不，她不了解客户，但她了解自己。

刚刚进入富豪圈时，香奈儿能敏锐感觉到自己的不同。和傲慢雍容的贵族女子相比，香奈儿是一个"非典型女子"，她会穿着利落的男装骑马，敢于接受新事物。当时汽车刚刚流行，很多淑女觉得汽车又危险又难看，但香奈儿很快就开始乘车尽情兜风了。

一身的反叛和酷劲儿让她成为特立独行的革新者。她的设计向过去繁复的女装宣战，去掉不便活动的紧身胸衣、冗余复杂的饰品，将海魂衫、码头工人T恤、粉刷工人外套等变成一种时尚。针织水手裙、黑色迷你裙、樽领套装……这些服饰新潮、叛逆、自由自在又不失贵族的优雅。可以说，香奈儿推动了一个时代的女性朝着新形象前进。

危机和对手

1929年，美国华尔街股票崩盘，经济危机渐渐向欧洲蔓延，首当其冲的就是奢侈品行业。《纽约客》报道称，依赖对美贸易的小公司两周之内连一件仿冒的香奈儿套装都没能卖出去。

在当时的巴黎时装业，香奈儿女装是最贵的。为了减少冲击，香奈儿想了很多方法。经济型面料流行起来，她就紧紧跟上大做文章，在1931年的夏季时装展上推出35款带提花、花边、蝉翼纱或者网眼面料的晚礼服。为了节约成本，她开始使用拉链等新设计；为了扩大市场，她把推广新系列的重点放在了英国；为了保住法国市场，她把时装沙龙的价格降了一半。

然而所有这些，统统无效。

时局实在艰难。香奈儿只能解雇工人，拿着美国电影制片人塞缪尔·高德温的邀请，暂时放下法国的业务，跑去美国为电影行业设计服装，酬劳一年高达100万美元。随着大萧条的深入，香奈儿的竞争对手纷纷被危机击倒，而香奈儿却凭借每年100万美元的合同撑了两年。这是幸运眷顾，也是以退为进。

经济危机后，正当香奈儿在巴黎时装界一人独大时，另一个女人也开始绽放光芒。她就是意大利传奇设计师艾尔莎·夏帕瑞丽。

一直以来，香奈儿时装的色彩都以黑白为主，走的是简约利落的中性大气风；夏帕瑞丽则大胆采用罂粟红、紫罗兰、猩红等浓烈的颜色。如果说香奈儿是简约的、解放的，那夏帕瑞丽就是再次引入了奢华。没有任何时装设计师可以一成不变，还能保持客户的忠诚。夏帕瑞丽用新鲜感抢走了很多买家。

但香奈儿不曾消沉，她开始了一系列大动作：为让·雷诺阿设计电影《马赛曲》里的服装，继续在年度时装季大搞宣传。面对外界，香奈儿是一副与夏帕瑞丽不分出胜负不罢休的姿态。

双方的竞争不相上下，舆论对夏帕瑞丽更热情，但香奈儿也没有变成明日黄花。然而第二次世界大战的爆发给双方都带来了不同程度的打击。夏帕瑞丽放弃了欧洲市场，香奈儿一度关闭大部分时装店。战争期间，香奈儿和男友避居瑞士，直到1954年她才重新出山，回到巴黎。

71岁的斗志

当所有人都认为香奈儿和男友要在瑞士终老时，她又以71岁的高龄，突然杀回时装界。

香奈儿是被一个男人激起了斗志，他叫克里斯汀·迪奥。

1947年，42岁的迪奥举办了两场发布会，各推出一个服装系列。当第一场发布会结束时，他获得了一项奥斯卡奖，这可能是第一位赢得该奖项的法国设计师。于是第二场发布会的场面只能用疯狂来形容。

只用了一个下午，迪奥就确立了自己在时装界的领袖地位。香奈儿在报纸上读到这一切，按捺不住好奇心和胜负欲，动了回巴黎的念头。

时装行业已经发生了巨变。香奈儿刚入行时，面料只有丝、毛、棉。50年过去了，市面上的面料有几十种，防水的、反光的、抗油的……一天换一身衣服曾是约瑟芬皇后的怪癖，如今普通女人都能实现这个愿望。新面料和新规模化生产加快了时装业的节奏，香奈儿不但想跟上节奏，还想站在最前沿。

1954年2月5日，香奈儿举办了复出后第一个时装发布会。时尚名流、买家、记者、摄影师齐聚现场，期待香奈儿像过去颠覆时尚界一样，再次创造奇迹。当模特们陆续走出时，观众看到似乎未曾改变过的设计风格，开始交换起眼神，气氛突然尴尬起来。评论是毁灭性的，媒体甚至用了"20世纪30年代的香奈儿落伍了"这样的标题，丝毫不留情面。

面对争议，香奈儿以很有尊严的态度接受了。她告诉商业伙伴：我想继续，不断继续下去。3个月后，舆论开始反转，因为消费者买单了。与那些紧束腰身，面料硬邦邦的衣服相比，香奈儿的设计更舒适得体，更受女性青睐。

从第二届香奈儿发布会开始，时装界已然分成两个阵营。迪奥、纪梵希等同属一拨，他们设计的服装有"衣架魅力"，看着很美很有型，但要想穿上就得看自身条件了。另一派则以香奈儿为首，设计的服装以柔性面料为主，以穿着者的体型定型，扬长避短。

在这之后，香奈儿继续工作了17年。1971年1月10日，她在巴黎里兹酒店的客房中去世，享年88岁。可以说，她用一生演绎了细致、奢华、永不褪色的香奈儿精神。

（文／王晶晶）